短期マスター

日本語能力試験ドリル

N2

第2版

凡人社編集部 編

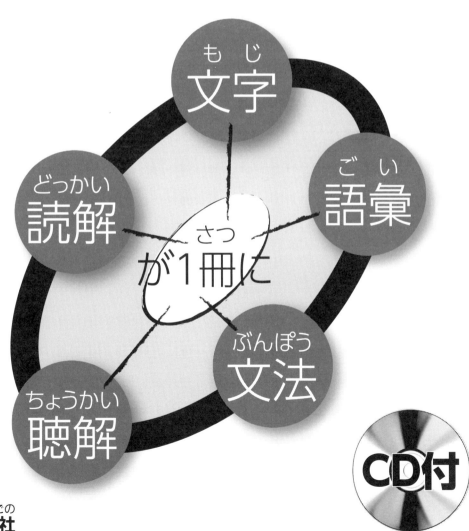

もじ
文字

ごい
語彙

どっかい
読解

さつ
が1冊に

ぶんぽう
文法

ちょうかい
聴解

CD付

にほんごの
凡人社

目　　次

この本で勉強する人へ

◆この本の特徴

　この『短期マスター　日本語能力試験ドリル　N2』は、日本語能力試験で出題される試験科目（文字、語彙、文法、読解、聴解）をすべて1冊で勉強できる問題集です。短い日数ですべての科目を勉強できるのが特徴です。問題の形式は日本語能力試験と同じ形式になっています。

◆この本の構成

・練習問題

　試験科目に合わせて「文字・語彙」「文法」「聴解」「読解」に分かれています。

・まとめのテスト

　試験の約半分の問題数でできています。

試験科目	問題のタイプ	試験の問題数（大問）	「まとめのテスト」の問題数（大問）
文字・語彙	漢字読み	5	3
	表記	5	3
	語形成	5	3
	文脈規定	7	4
	言い換え類義	5	3
	用法	5	3
文法	文の文法1	12	6
	文の文法2	5	3
	文章の文法	1	1
読解	内容理解（短文）	5	3
	内容理解（中文）	3	2
	統合理解	1	1
	主張理解（長文）	1	1
	情報検索	1	1
聴解	課題理解	5	3
	ポイント理解	6	3
	概要理解	5	3
	即時応答	12	6
	統合理解	3	2

・CD

　練習問題・まとめのテストの、聴解問題の音声が入っています。実際の試験と同じように、問題を読むための時間や書くための時間があります。

・別冊

　練習問題・まとめのテストの、解答と聴解問題のスクリプトです。

◆この本の使い方

　使う時期によって、次のような使い方をお勧めします。

・試験対策の最初に

　日本語能力試験の勉強を始めようと思ったとき、まずこの本の「練習問題」を解きましょう。それから、「まとめのテスト」（p.51〜）を解きます。「練習問題」のそれぞれのページの上には問題のタイプ（大問の分類）が書いてあります。答え合わせをするときに、得意なタイプ、苦手なタイプを見つけましょう。苦手な科目、苦手なタイプの問題は、ほかの問題集なども使って重点的に勉強しましょう。間違った問題はチェックしておくと、試験直前の勉強の役に立ちます。

・試験対策の最後に

　それぞれの試験科目の問題集で日本語能力試験の勉強をしたあと、仕上げとしてこの本を使うこともできます。「まとめのテスト」は試験時間の半分の時間を目安にして、解いてみましょう。

・もう時間がない！　という時に

　まず初めに、「まとめのテスト」を解きます。それから、間違いが多かった試験科目の「練習問題」を、何度も繰り返し解きましょう。わからないところは先生に聞いたり、参考書で調べたりしましょう。

※　この本に掲載した日本語能力試験の試験科目、問題数、試験時間の分数、表記の基準については『新しい「日本語能力試験」ガイドブック概要版と問題例集　N1，N2，N3編』（国際交流基金・日本国際教育支援協会編著　2009年発行）を参考にしています。

文字・語彙

問題1

_____の言葉の読み方として最もよいものを、1・2・3・4から一つ選びなさい。

1 彼は工事現場で事故に遭い、手術しなくてはならないそうだ。

1 しゅじゅつ　　2 てじゅつ　　　3 ぎじゅつ　　　4 しゅじつ

2 東京では毎月高い家賃と税金を支払って生活することになる。

1 しばらって　　2 ささぱらって　　3 ささえはらって　4 しはらって

3 先生のおっしゃったことをしっかり胸に刻んでがんばります。

1 きざんで　　　2 かんで　　　　3 こくんで　　　4 つかんで

4 この賞をいただき、皆に祝ってもらえるなんてうれしい限りです。

1 しゅくって　　2 いわって　　　3 れいって　　　4 めでって

5 初めて来た場所なのに、なぜか懐かしさを感じる。

1 かいかしさ　　2 なつかしさ　　3 ふとかしさ　　4 おかしさ

6 もっと質問したいのだが、人前ではどうしても消極的になってしまう。

1 せつきょく　　2 せっきょく　　3 しゅうきょく　4 しょうきょく

7 住民の力で、犯罪や事件は減りつつある。

1 はんつみ　　　2 けいざい　　　3 はんざい　　　4 けいばつ

問題2

_____の言葉を漢字で書くとき、最もよいものを1・2・3・4から一つ選びなさい。

1　いろいろなことに<u>かんしん</u>を持って調べる。

1　歓心　　　　　　2　関心　　　　　　3　間心　　　　　　4　感心

2　練習を休んでいる間に、感覚が<u>にぶった</u>。

1　遅った　　　　　2　濁った　　　　　3　鈍った　　　　　4　怠った

3　<u>ぼしゅう</u>の内容を確認する。

1　暮集　　　　　　2　募集　　　　　　3　墓収　　　　　　4　募収

4　経験を<u>かさねて</u>、立派になる。

1　重ねて　　　　　2　積ねて　　　　　3　詰ねて　　　　　4　兼ねて

5　これからは国内だけでなく、<u>こくさい</u>競争にも勝てなくてはいけない。

1　国済　　　　　　2　国察　　　　　　3　国擦　　　　　　4　国際

6　その報告を聞いたとたんに、彼は<u>けわしい</u>表情になった。

1　怖しい　　　　　2　検しい　　　　　3　硬しい　　　　　4　険しい

7　去年、子どもが<u>どくりつ</u>して、親としてはうれしくも悲しくも感じられる。

1　得律　　　　　　2　得立　　　　　　3　独立　　　　　　4　独律

問題3

（　　　）に入れるのに最もよいものを、1・2・3・4から一つ選びなさい。

1　彼は飲み（　　　）が早いから、教えたことは何でもすぐにできるだろう。

　　1　かた　　　　　2　くだし　　　　　3　わかり　　　　　4　こみ

2　秘密^{ひみつ}だと言われていたのに、ついうっかり口（　　　）しまった。

　　1　すべって　　　2　ばしって　　　　3　だして　　　　　4　ごもって

3　思い（　　　）ことが起こって、びっくりしている。

　　1　がけない　　　2　こまない　　　　3　こむ　　　　　　4　出さない

4　まだ始まったばかりなのだから、がんばりすぎては長（　　　）しないよ。

　　1　持続^{じぞく}　　　　2　続き　　　　　　3　持ち　　　　　　4　続々

5　遊び（　　　）で始めたのに、いつの間にか真剣^{しんけん}になっていた。

　　1　すこし　　　　2　つもり　　　　　3　ちょっと　　　　4　はんぶん

6　息子が、仲間（　　　）になったと泣いて帰ってきた。

　　1　そと　　　　　2　はじき　　　　　3　はずれ　　　　　4　はぐれ

7　彼女は、彼の（　　　）神経な一言にひどく傷付^{きずつ}いていた。

　　1　不　　　　　　2　非　　　　　　　3　無　　　　　　　4　否

問題4

（　　　）に入れるのに最もよいものを、1・2・3・4から一つ選びなさい。

1 経済が（　　　）して、国民の生活が豊かになった。
　　1 展開　　　　　　2 発展　　　　　　3 開発　　　　　　4 進歩

2 すてきな服だけれど、私の（　　　）ではない。
　　1 好み　　　　　　2 興味　　　　　　3 関心　　　　　　4 似合い

3 けんかをしていた二人に話を聞くと、（　　　）どちらが悪いとはいえない。
　　1 なんとか　　　　2 一方　　　　　　3 なるべく　　　　4 一概に

4 演奏が終わると、会場から（　　　）が起こった。
　　1 応援　　　　　　2 感心　　　　　　3 握手　　　　　　4 拍手

5 （　　　）決めたら、最後までやります。
　　1 いったん　　　　2 万一　　　　　　3 もしかすると　　4 どうか

6 最近、食べすぎて太ったので、スカートが（　　　）。
　　1 鈍い　　　　　　2 ずるい　　　　　3 緩い　　　　　　4 きつい

7 後藤さんは絵の才能に（　　　）女性です。
　　1 合った　　　　　2 恵まれた　　　　3 応じた　　　　　4 満たされた

8 弱点を（　　　）するために一生懸命努力した。
　　1 改正　　　　　　2 回復　　　　　　3 克服　　　　　　4 修理

9 今日の試合は私たちのチームに（　　　）だ。
　　1 便利　　　　　　2 有効　　　　　　3 得意　　　　　　4 有利

10 台風のためバスが（　　　　）になった。

1　運休
（うんきゅう）

2　停止
（ていし）

3　延期
（えんき）

4　休止
（きゅうし）

問題5

＿＿＿＿＿の言葉に意味が最も近いものを、1・2・3・4から一つ選びなさい。

1 調査はほとんど終わりましたが、もう少し調べたいことがあります。

    1 ほぼ   2 かなり   3 とても   4 たくさん

2 再三お願いして、やっと仕事を引き受けてもらった。

    1 いつも   2 何度か   3 いつか   4 何度も

3 その服、あなたに似合っていますね。

    1 そっくりです   2 はっきりです   3 きっちりです   4 ぴったりです

4 外国を旅行中、高校のときの友達に会って、びっくりした。

    1 気に入った   2 おしゃべりした
    3 驚いた   4 溶け込んだ

5 目が悪いので、字がダブって見える。

    1 重なって   2 膨らんで   3 流れて   4 伸びて

6 なだらかな坂を上ると、小学校がある。

    1 ゆるやかな   2 穏やかな   3 朗らかな   4 健やかな

7 このような結果になり、誠に申し訳ありませんでした。

    1 しきりに   2 さらに   3 本当に   4 要するに

問題6

次の言葉の使い方として最もよいものを、1・2・3・4から一つ選びなさい。

1 ずらす

　1　仕事が終わらなかったので、出張の予定を1日ずらした。

　2　窓の近くに重い机をずらしながら、置いた。

　3　友達が見えなくなるまで、手をずらした。

　4　窓をずらすと、富士山（ふじさん）が見えた。

2 もうかる

　1　準備が終わるまであと30分時間がもうかります。

　2　私たち夫婦に3人の子どもがもうかりました。

　3　一生懸命（いっしょうけんめい）働いて、もうかりなさい。

　4　商品を安く買って、高く売れば、もうかります。

3 いちいち

　1　いちいち教えてくださって、ありがとうございます。

　2　私が決めたことにいちいち文句（もんく）を言わないでください。

　3　美術館に行って、絵をいちいち見てきた。

　4　あなたの意見をいちいち説明してください。

4 ノック

　1　部屋に入るときは、ノックをしてから入ってください。

　2　ノックを回して、部屋に入る。

　3　部屋に大きなノックがかかっています。

　4　ノックな音が部屋から聞こえてきます。

5　手頃（てごろ）

1　手頃がかかるので、あまりしたくありません。

2　どんな手頃な方法で、料理を作りますか。

3　大きさも値段も手頃な商品なので、よく売れる。

4　17時からだと、ちょうど時間が手頃です。

6　ざっと

1　昨日からざっと連絡を待っている。

2　昨日は、強い風がざっと吹いていた。

3　机の上がざっとしている。

4　試験前に教科書をざっと復習した。

7　心当たり

1　林さんは心当たりがいい人です。

2　犯人に心当たりがありますか。

3　今日は天気がよくて、心当たりだ。

4　少し休めば心当たりがよくなります。

文法

問題1

次の文の（　　　）に入れるのに最もよいものを、1・2・3・4から一つ選びなさい。

① この料理は、子どもに（　　　）は苦すぎる。

1 おいて　　　　2 かけて　　　　3 ついて　　　　4 とって

② 登山には、いつもこの靴をはいて行く。疲れる（　　　）なく、山道を歩くことができるからだ。

1 わけ　　　　2 こと　　　　3 もの　　　　4 ほど

③ レポートを手伝う（　　　）、夕飯をごちそうしてもらいました。

1 あまりに　　　2 ほどに　　　3 かわりに　　　4 ところに

④ それは、いくつもある問題点の一つに（　　　）。全体的な問題の解決を考えなくてはならない。

1 のぼる　　　　2 すぎない　　　3 かぎる　　　　4 およばない

⑤ この喫茶店は、コーヒーの味（　　　）雰囲気はいいです。

1 はともかく　　2 につけても　　3 にかけても　　4 のくせに

⑥ 試合の相手は去年の優勝チームだが、緊張する（　　　）。実力を出せば、勝てるはずだ。

1 つもりだ　　　2 ことはない　　3 べきだ　　　　4 ものはない

⑦ 今度引っ越したアパートは駅から遠い（　　　）、近所に店が多くて便利だ。

1 だけなら　　　2 わりに　　　3 ために　　　　4 からには

⑧ 図書館に行く（　　　）、スーパーで買い物をしてきましょうか。

1 うちに　　　　2 とともに　　　3 ついでに　　　4 うえに

9 大学生になったんだから、新聞ぐらい読む（　　　　）。世の中の動きを知っておいた
ほうがいい。

    1　までだ　　　　　2　べきだ　　　　　3　くらいだ　　　　4　ところだ

10 今、働いている会社は給料がいい（　　　　）、残業も多いし、営業成績が悪いと、す
ぐボーナスに影響する。

    1　反面　　　　　　2　あげく　　　　　3　うえに　　　　　4　ばかりか

11 山を下りる（　　　　）、気温が高くなってきた。

    1　に比べて　　　　2　について　　　　3　によって　　　　4　につれて

12 発表会に向けて長期間練習した（　　　　）、いい発表ができたと思う。

    1　最中に　　　　　2　わりに　　　　　3　だけに　　　　　4　ことに

13 部屋は狭いし料理はまずいし、あんな旅館には、もう二度と泊まる（　　　　）。

    1　しかない　　　　2　ところよ　　　　3　ことだ　　　　　4　ものか

14 もしも1億円が当たった（　　　　）、どうしますか。

    1　といっては　　　2　にしても　　　　3　としたら　　　　4　につけても

15 家の前の道が工事中なので、（　　　　）。

    1　騒がしくてしょうがない　　　　　　2　騒がしいことではない
    3　騒がしくてはいられない　　　　　　4　騒がしいものはない

16 来年の正月は温泉にでも行って、久しぶりに家族4人で（　　　　）。

    1　過ごしたいことか　　　　　　　　　2　過ごそうじゃないか
    3　過ごすわけじゃない　　　　　　　　4　過ごすほどのものか

17 値段が（　　　　）質が悪くなるのは、しかたがありません。

    1　下がれば下がるほど　　　　　　　　2　下がらなければ
    3　下がるにもかかわらず　　　　　　　4　下がらないからといって

18 友達が遠くの町に引っ越すことになってしまい、（　　　）。

1 寂（さび）しくてはならない
2 寂（さび）しくてはいけない

3 寂（さび）しくてならない
4 寂（さび）しくてかまわない

文
法

問題2

次の文の ___★___ に入る最もよいものを、1・2・3・4から一つ選びなさい。

1 何でも ＿＿＿ ＿★＿ ＿＿＿ ＿＿＿、新しい機械も、すぐ使えるようになるだろう。

    1 ことだから   2 やってしまう   3 小林さんの   4 器用に

2 息子が作ったカレーを初めて食べたときには、あまりにも ＿＿＿ ＿＿＿ ＿★＿ ＿＿＿ が、最近は息子も慣れたもので、程良い辛さに作ってくれる。

    1 水を   2 いられなかった   3 辛くて   4 飲まずには

3 一人暮らしを始めてすぐのころは、寂しくて家に ＿＿＿ ＿★＿ ＿＿＿ ＿＿＿ ばかりいた。

    1 ものなら   2 帰れる   3 思って   4 帰りたいと

4 姉のステレオのスピーカーは高価で、オーケストラが ＿＿＿ ＿★＿ ＿＿＿ ＿＿＿ 聞こえる。

    1 演奏して   2 目の前で   3 かのように   4 いる

5 改めて ＿＿＿ ＿＿＿ ＿★＿ ＿＿＿、何か不明な点などございましたら、ご連絡ください。

    1 ので   2 資料を   3 いただきます   4 送らせて

6 試合の途中で雨が降ってきたため、今は ＿＿＿ ＿＿＿ ＿★＿ ＿＿＿ 再び試合が始まる予定だ。

    1 雨が   2 中断されているが

    3 試合が   4 やみ次第

7 ふだんはほとんど家で食事をするが、＿＿＿ ＿＿＿ ＿★＿ ＿＿＿ もちろん食べに行く。

    1 誘われれば   2 わけではなくて   3 嫌いだという   4 外で食べるのが

問題3

次の文章を読んで、文章全体の内容を考えて、[1]から[5]の中に入る最もよいものを1・2・3・4から一つ選びなさい。

　私が10代の頃、女の子は好きな男の子に、手編みのセーター、もしくは手作りのクッキーをプレゼントするものだった。少なくともその頃の私は、そう思っていた。

　　[1]、クッキーを作った。15歳のとき。それを渡したときの相手の反応は「うひゃあ」だった。嬉しい悲鳴ではない。とうとうくるべきものがきちゃったよ、という「うひゃあ」。私は彼を好きだったが、彼は私をさほど好きではなかった[2]。

　べつにそれがトラウマになったわけでもないのだが、大人になってからは、そういうことは一切していない。愛は、べつにクッキーやセーターを手作りしなくてもあらわせると知っている。小説の登場人物に「手作りのお弁当とか、手編みのマフラーとかをありがたがる男は、小者」と言わせたりしている。

　それはともかくとして、私の父は手作りを強く求める男だった。

　父を喜ばすために、母はまあよく手作りした[3]。クッキーやケーキ[4]、そば、うどん、餃子の皮、豆腐、キムチ。おまんじゅうや軽羹やきんつば。その手腕が知れ渡ると（というのはつまり、父が吹聴してまわるからなのだが）、「蒟蒻芋」などをわざわざ送ってくださる人なども出てきて、インターネットなどまだなかった当時、どういう手段[5]レシピを探し出してきて、蒟蒻まで作っていた。

（井上荒野『作家の口福』2009年9月26日付け朝日新聞 be on Saturday による）

---

[1]　1　ただし　　　　2　それで　　　　　3　なぜなら　　　　4　ところが

[2]　1　ばかりではないだろう　　　　　　2　というほどだろう

　　　3　わけではないだろう　　　　　　　4　ということだろう

[3]　1　ほうだ　　　　2　つもりだ　　　　3　ものだ　　　　　4　ところだ

[4]　1　はもとより　　2　にほかならない　3　に応じて　　　　4　に限って

[5]　1　とも　　　　　2　では　　　　　　3　でか　　　　　　4　にも

読解

問題1

次の文章を読んで、後の問いに対する答えとして最もよいものを、1・2・3・4から一つ
選びなさい。

> モチ売り場の人達が「はい、つきたてのおモチだよー。すっごくおいしいよー」と叫
> んでいる。客がどんどん寄ってきて、モチは次々飛ぶように売れていた。
> 　こんな所でボンヤリしている場合じゃない。早くしないとモチが全部売り切れてしま
> う。私は焦った。モチ売り場の人はあんなにモチが売れているのにまだ「おいしいモチ
> だよー」と叫んで客を呼び込んでいる。頼むからもうそれ以上①モチがうまいと叫ばな
> いでほしい。黙っててもそのモチは売れるから、私が行くまで叫ばずに待っててくれ。
>
> （さくらももこ『さくら日和』集英社刊による）

1　①モチがうまいと叫ばないでほしいのはなぜか。

　1　モチ売り場の人が大声で叫んでいるのは、うるさくて我慢できないから。

　2　ボンヤリしていたいのに、うるさくて迷惑だから。

　3　客がどんどん寄ってきているのに、何度も叫ぶのはしつこいから。

　4　客が集まって売り切れになってしまったら、自分が食べられないから。

問題2

次の文章を読んで、後の問いに対する答えとして最もよいものを、1・2・3・4から一つ選びなさい。

20XX 年 10 月 20 日

いずみ株式会社（かぶしきがいしゃ）

営業部　御中

いろは株式会社（かぶしきがいしゃ）

営業部　　内田（うちだ）

前略（ぜんりゃく）（注1）

　平素（へいそ）（注2）からお世話になり、誠（まこと）に（注3）ありがとうございます。

　当社製品につきましては、商品発売時の価格のまま、今日まで低価格で販売してまいりました。しかし、数年前から続く原料・材料の大幅（おおはば）な値上（ねあ）がりにともない、製品 ABC は交換部品の値上（ねあ）げをせざるをえない状況になりました。

　つきましては、11 月 1 日をもちまして、販売価格を現行（げんこう）の 1 ダース 84,000 円より 2,400 円値上（ねあ）げさせていただきたく、お願い申し上げます。

（注1）前略（ぜんりゃく）：手紙の最初に書く季節のあいさつを省略すること

（注2）平素（へいそ）：ふだん

（注3）誠（まこと）に：本当に

1　この文章を書いた人が一番伝えたいことは何か。

　1　この会社は、製品の販売価格の値上（ねあ）げをする。

　2　この会社は、商品発売時から、一度も値上（ねあ）げをしなかった。

　3　この会社は、値上（ねあ）げするしか方法がない経営状態（じょうたい）である。

　4　この会社は、ほかの会社より低価格で商品を提供（ていきょう）している。

問題3

次の文章を読んで、後の問いに対する答えとして最もよいものを、1・2・3・4から一つ
選びなさい。

　これまで会った先生や家族や、先輩、友人のなかに、あの人に対して恥ずかしいこと
はできない、と思う人があるはずです。

　小さいことであれ、自分がウソをつきそうになる時、ほんの短い間でいい、口をつぐ
んだ (注1) ままでいるのです。そして、あの人がいま自分を見つめているとして、この
ウソをついていいか、と考えてみることです。

　私の場合、①そういう人たちとして、大学でフランス文学を教わった先生や、優れた
音楽家だった友人や、またこの人は外国人ですが、白血病 (注2) と闘いながら文学や
世界の問題に確実な考え方を示している学者の友人があります。

（大江健三郎『「新しい人」の方へ』朝日新聞社刊による）

（注1）口をつぐむ：口を閉じる、黙る
（注2）白血病：血液の病気

---

1 ①そういう人たちとはどんな人たちか。

　　1　その人の前では自分が恥ずかしいことはできないと思う人たち

　　2　ウソをつきそうな自分を見つめている人たち

　　3　ウソをついてもいいと思う人たち

　　4　世の中に認められた大学教授や学者たち

問題4

次の文章を読んで、後の問いに対する答えとして最もよいものを、1・2・3・4から一つ選びなさい。

夫の帰国（注1）後も私はしばらく日本にとどまることにした。というのも、数か月後に生け花の師範（注2）試験を日本で受けることになっていたからである。国には試験を受けられる会場がなく、また、一度帰国すると再度の来日が難しいため、しかたがなかった。

夫が一人で帰国するということは二人で十分話し合って決めたことで、夫婦の間では何の問題もなかった。ところが、国で帰国を待っている家族や友人たちにはこうした事情を知らせていなかったため、大きな騒ぎになっていた。

（注1）帰国：国へ帰ること
（注2）師範：ここでは、生け花を教える資格のこと

1　この文章の内容と合っているのはどれか。

　　1　家族や友人たちの事情のために、筆者は日本にとどまることにした。

　　2　家族や友人たちは、筆者が生け花の師範試験を受けることが問題だと思っていた。

　　3　筆者は、一人日本に残って生け花の師範試験を受けることにした。

　　4　筆者と夫は、筆者が国で生け花の師範試験を受けることについて話し合った。

問題5

次の文章を読んで、後の問いに対する答えとして最もよいものを、1・2・3・4から一つ
選びなさい。

「心とはどんなものですか？」と問われたとき、すぐに答えられるでしょうか？
①わかっているけれどうまく言えない、というのが多くのみなさんの反応でしょう。

その理由の一つは、心がそのはたらきにおいて、わたしたちの認識や行動とあまりに
も多様なかかわりをもっているため、限定的にとらえにくいためだ、と考えられます。
たとえば、エンピツは「字を書く道具」という限定された役割をもっているのに対し、
心は「字を読み、書き、理解し、さらにことばで他人とコミュニケーションする」とい
う広い知的な役割を担っています。ですから、エンピツのはたらきについての定義は簡
単ですが、心のはたらきについての定義は、その多様さゆえに一言でうまく表現しえな
いのです。

（苧阪直行『心と脳の科学』岩波書店刊による）

1　どうして①わかっているけれどうまく言えないのか。

　　1　エンピツはコミュニケーションの道具ではないから。

　　2　心の働きは、人間の行動と直接の関係がないから。

　　3　心の働きは多様なため、一言で答えられないから。

　　4　心の役割は、とても限定されているから。

問題6

次の文章を読んで、後の問いに対する答えとして最もよいものを、1・2・3・4から一つ選びなさい。

老いは誰にでも訪れる。肌は生気(注1)を失ってくるし、しわは出てくるし白髪は多くなるしで、男女を問わずこの宿命(注2)から自由でいられる人間はいない。四十を越えれば、肉体的ならば眼前には下り坂があるのみだ。「お年にしては若い」と言われても、所詮(注3)、「お年にしては」なのである。それでも、美しい中高年の男女はいなくはない。肉体的には美男美女とは必ずしも評せる(注4)人びとでないのだが、与える印象が美しいのだ。なぜだろうと考えたあげくに、次のような結論に達した。

①彼、彼女たちは、すべてに気を抜いていないのである。とくに服装に、特別におしゃれというわけではないのだが、気をつけている。

(塩野七生『再び男たちへ』文藝春秋刊による)

(注1) 生気：生き生きとした感じ
(注2) 宿命：生まれる前から決められていて、変えられないこと
(注3) 所詮：結局
(注4) 評する：そのものの価値などについて言う

1　①彼、彼女たちとは誰か。

　　1　「お年にしては若い」と言われる人
　　2　美しい印象を与える中高年の人
　　3　肉体的に美男美女とは言われない人
　　4　肉体的に美男美女と言われる人

問題7

次の文章を読んで、後の問いに対する答えとして最もよいものを、1・2・3・4から一つ選びなさい。

庭に五本の 桜 の木がある。

植木や庭の好きな人がこれを見ると、必ず伐ってしまえと言う。私は、はじめはそれが不思議でならなかった。なんだか無残な (注1) ことを言われたように思った。その人も冷酷 (注2) 無残なのではないかと思われた。本当に植木が好きなのかどうか 疑わしいように思った。しかし、庭づくりの好きな人は、誰もが、そう言うのである。①その意味が、だんだんにわかってきた。

一本の大木があると、その下の樹木は生育 (注3) しない。私も植木屋から少しずつ買ってきて、花の咲くのを楽しみにしていたが、まるで駄目なのである。買ってきた年はいいのだけれど、翌年からずっと咲かなくなる。

（山口瞳『男性自身　困った人たち』新潮社刊による）

(注1) 無残：ひどいこと、かわいそうなこと
(注2) 冷酷：優しさがなく、冷たいこと
(注3) 生育：生まれ育つこと

1　①その意味とは何か。

1　なぜ桜の木を伐ってしまえと言うのか。
2　なぜ植木が好きかどうかを疑ったのか。
3　なぜ大木の下の樹木は生育しないのか。
4　なぜ植木が好きな人は冷酷なのか。

問題8

次の文章を読んで、後の問いに対する答えとして最もよいものを、1・2・3・4から一つ選びなさい。

　男はある夜、道ばたでひとつの鍵を拾った。人通りのたえた静かな路上。薄暗い街灯(注1)の光を受けて、それはかすかに輝いていた。

　男は手にとり、ただの鍵と知って、ちょっとがっかりした。こんなものなら靴の先でけとばし、通りすぎてしまってもよかったのだ。しかし、拾ってしまうと捨てるのもめんどくさく、それをポケットに入れた。したがって、①わざわざ交番へとどける気にならなかったのは、いうまでもない。

　数日たって、男はポケットに入れた指先で鍵のことを思い出した。退屈まぎれに手のひらにのせ、あらためて眺めた。

　明るいところで見ると、どことなく異様な印象を受ける。ありふれた鍵とは、形が大いにちがっていた。（中略）

　どこか金持ちの邸の鍵かもしれない。こう男は想像した。市販している普通の鍵を持ちたがらない人だってあるだろう。そんな人が金にあかせて(注2)特別に作らせた鍵ではないかと考えたのだ。

　これを使えば、留守宅に忍びこんで、金目(注3)のものを持ち出すことができるかもしれないな。最初は軽い気持ちで思いついたにすぎなかったが、しだいに形をとってきた。侵入した時に見とがめ(注4)られたとしても、拾った鍵をおとどけに来たのだと言えば、いちおうの言い訳にはなる。鍵の落とし主をたしかめるためには、それであけてみる以外にないのだから。

　②うまくいけば収穫は大きく、失敗しても危険は少ない。男は③その計画を実行に移しはじめた。鍵を拾ったあたりの家々を手はじめ(注5)に、いくつもの立派な邸宅の玄関に近より、ひそかに試みた。

（星新一著「鍵」〔新潮文庫刊『妄想銀行』所収〕※一部中略あり）

（注1）街灯：道路を明るくするために取りつけられた電灯

（注2）～にあかせて：たくさん余っているものを十分に使って

（注3）金目：高価、金銭的価値が高いこと

（注4）見とがめる：見て、不審に思って相手に声をかける

（注5）手<ruby>て<rt></rt></ruby>はじめ：物事を始めるいちばん最初

1　①わざわざ交番へとどける気にならなかったのはなぜか。

　1　ただの鍵<ruby>かぎ<rt></rt></ruby>など、とどけるのもめんどうだったから。

　2　この鍵<ruby>かぎ<rt></rt></ruby>は、あとで使えると思ったから。

　3　とても変わった形をした鍵<ruby>かぎ<rt></rt></ruby>だったから。

　4　とても高価なものを拾ったと思ったから。

2　②うまくいけば収穫<ruby>しゅうかく<rt></rt></ruby>は大きく、失敗しても危険は少ないとはどういうことか。

　1　うまくいけば留守の家に入れるし、入れなくても何ということはない。

　2　うまくいけば鍵<ruby>かぎ<rt></rt></ruby>の落<ruby>お<rt></rt></ruby>とし主<ruby>ぬし<rt></rt></ruby>に鍵<ruby>かぎ<rt></rt></ruby>を返せるし、間違えても言い訳<ruby>い わけ<rt></rt></ruby>ができる。

　3　うまくいけば高いものが盗めるし、見つかっても犯罪になる可能性が少ない。

　4　うまくいけば鍵<ruby>かぎ<rt></rt></ruby>をとどけることができるし、見つかっても捕<ruby>つか<rt></rt></ruby>まる可能性が少ない。

3　③その計画を実行に移しはじめたとは、どんなことをしたのか。

　1　鍵<ruby>かぎ<rt></rt></ruby>をとどけるため、鍵<ruby>かぎ<rt></rt></ruby>を拾ったあたりの家のドアに鍵<ruby>かぎ<rt></rt></ruby>を差し込んでみた。

　2　泥棒をするため、鍵<ruby>かぎ<rt></rt></ruby>を拾ったあたりの家のドアすべてに鍵<ruby>かぎ<rt></rt></ruby>を差し込んでみた。

　3　鍵<ruby>かぎ<rt></rt></ruby>の落<ruby>お<rt></rt></ruby>とし主<ruby>ぬし<rt></rt></ruby>を探すため、鍵<ruby>かぎ<rt></rt></ruby>を拾ったあたりの家のドアに鍵<ruby>かぎ<rt></rt></ruby>を差し込んでみた。

　4　泥棒をするため、お金がありそうな家のドアに鍵<ruby>かぎ<rt></rt></ruby>を差し込んでみた。

問題9

次の文章を読んで、後の問いに対する答えとして最もよいものを、1・2・3・4から一つ選びなさい。

　私は子供の頃から地図が好きだった。机のシートの下に日本地図を敷いて、いつも見ていたので、7歳で全国の都道府県の位置と形を暗記していた。「何もない無人島(注1)へ行くとしたら何を持っていくか」と言われれば、「地図帳」と答えていた。

　なぜこんなに地図が好きなのかよくわからないが、一度考えてみたことはある。地図に使われている色、たとえば山の茶色、平野の緑、都市の赤などの変化やバランスが心地よいのだろう、という結論になった。

　しかし、地図を見るのが好きだといっても、知らない土地では道に迷う。地図と実際の風景はまったく違うから、迷うのも当然なのだ。そのことは何とも思っていなかったが、ショックだったのは「地図は平面である」ということに気づいたときだった。

　その日も、目的地へ向かう際に、いつものように地図を開き、いちばん近い道を通って行くことにした。しかし、その道を進んでみると、上るのをためらうほどの急な坂道になっていた。あまりの坂に驚いて、坂の下で改めて地図を見てみると、私の見つけた道は、壱岐坂(注2)下という所から壱岐坂上という所を通るコースだった。このとき、「○○坂上は本当に○○坂の上、○○坂下は本当に○○坂の下」なのだと思い知らされた。平面に描かれた地図を見ているだけでは、急な坂があっても気づきにくい。地名にもっと注意しなければならなかったのだが、地図にだまされた気がしてショックだった。

　①それ以来、○○坂下から○○坂上に行くコースは避けている。

（注1）無人島：人が住んでいない島
（注2）壱岐坂：東京にある坂の名前

1　筆者は地図が好きなのはなぜだと言っているか。

　　1　地図を見ていると、道に迷わないから。

　　2　地図の中での、色の使われ方が好きだから。

　　3　地名を覚えるのが好きだから。

　　4　地図と実際の風景が違うのがおもしろいから。

2　①それ以来、○○坂下から○○坂上に行くコースは避けているのはどうしてか。

　　1　地名とは逆に、急な坂を下る道だと予想できるから。

　　2　地名のとおり、急な坂を上る道だと予想できるから。

　　3　地名が正しくないことが多いから。

　　4　地図が正しくないことが多いから。

3　筆者は、地図を見るときどんなことに注意しなければならないと言っているか。

　　1　山と平地のバランスのよさは、色だけではわからないこと

　　2　地図を見て遠いと思っても、実際に歩くと近い場合が多いこと

　　3　地図には、道や地名の間違いが少なくないこと

　　4　平面の地図だけでは、実際に歩くときの大変さに気づきにくいこと

問題 10

次の文章を読んで、後の問いに対する答えとして最もよいものを、1・2・3・4から一つ
選びなさい。

会議では、どのように発言するのが望ましいでしょうか。たとえば、企画を提案する
場面を考えてみてください。

いちばんよくないのは、自信がなさそうな態度をとることです。声が小さく、オドオ
ド、あるいはモジモジ (注1) しながら発表するようでは、たとえ中身が優れていても、
聞いている人は心を動かされません。

まず大切なのは自信を持つこと。そして、出席者の顔をしっかり見ることです。

その場合は、まずはキーマン (注2)、たとえば部長なら部長の顔を見て、それから
　① 　視線 (注3) を移していき、一人一人の顔を見つめつつ、語りかけるように話して
いきます。

出席者の顔を見渡すのですから、当然、書面 (注4) に目を落として (注5) ばかりはいら
れません。むしろ書面を見るのは、内容を確認したり、話している内容が書面のどこに
書いてあるか説明したりするときぐらいにとどめたいものです。

②こうしたことができるようになるためには、提案する企画の内容をしっかりと自分
のものにしておく必要があります。会議の直前に急ごしらえ (注6) でまとめ上げるよう
では、とても無理です。

ということは、事前の準備が重要になります。

つまり、企画をプレゼンテーションする行為は、企画を考える段階からすでに始まっ
ているのです。会議だけでうまく発表しようと思っても、どだい (注7) 無理なのです。

自信を持って発表するには、企画自体をしっかり練って自分のものにしておくことが
大前提。それができたら、臆する (注8) ことなく、一人一人の目をしっかり見て、自信
を持って発表することです。

(池上彰『伝える力』PHP 研究所刊による)

(注1) モジモジ：落ち着かない様子や動作をすること
(注2) キーマン：中心人物、重要人物
(注3) 視線：目の向き、目で見る方向
(注4) 書面：文書に書かれていること

（注5）目を落とす：目を下に向ける

（注6）急ごしらえ：急いで作ること

（注7）どだい：はじめから、もともと

（注8）臆する：怖がってオドオドする

1 ① に入る言葉はどれか。

   1　次々に

   2　互いに

   3　ならびに

   4　一息に

2　②こうしたことに含まれないのは、次のどれか。

   1　自信を持って落ち着いて話すこと

   2　出席者の顔を見渡しながら語りかけるように話をすること

   3　あまり書面を見ずに話をすること

   4　話している内容がどこに書いてあるか説明すること

3　筆者は、プレゼンテーションのとき一番重要なことは何だと言っているか。

   1　オドオドしたり、モジモジしたりせずに、堂々と話すこと

   2　出席者の顔をキーマンから順に見渡して、目を見つめて話すこと

   3　時々、書面で内容を確認しながら慎重に話すこと

   4　準備を怠らないで、十分練ってから会議に臨むこと

問題 11

次の文章を読んで、後の問いに対する答えとして最もよいものを、1・2・3・4から一つ選びなさい。

①日本人の学生のなかには、人前での口頭発表が苦手だという者が少なくない。外国人学生の発表能力は、一般の日本人学生のそれを数段上回っている。（中略）日本語教育概論の授業には、毎年複数の留学生が登録しているが、第一回目の授業でいきなりスピーチを依頼しても、準備の時間を少し与えれば、100人以上の学生を前にしてひるむ(注1)ことなく話をする。（中略）

一方、最初の授業で日本人学生に同じことを頼むと、軒並み(注2)断られる。ただしこのことは、彼らに発表の能力や意志のないことを意味するものではない。断るのは、経験がない、もしくはきわめて少ないことからくる自信のなさの表れであり、自信さえ持てれば挑戦してみたいという気もある。②その証拠に、数週間後、または数ヵ月後に別のテーマで発表者を募ると、自ら立候補する学生が2割ほどいる。（中略）

スピーチや発表に限らず、他者と口頭によるコミュニケーションを行うには、まず、言いたいことがなければならない。次に、言いたいことをまとめることができなければならない。そして最後に、言いたいことが確実に相手に伝わるように工夫して話をしなければならない。すなわち、発想し、まとめ、表現する力が求められる。いずれも訓練次第で身につくスキル(注3)である。

（野口恵子『かなり気がかりな日本語』集英社刊を一部改変）

（注1）ひるむ：気持ちが弱くなり前に進めなくなる

（注2）軒並み：どれもこれもぜんぶ

（注3）スキル：技術

1 ①日本人の学生の中には、人前での口頭発表が苦手だという者が少なくないのはなぜか。

1 100人以上の人の前で発表するのはひるんでしまうから。

2 外国人学生のほうが上手なので、恥ずかしいから。

3 発表するための能力や意志がないから。

4 これまで発表する機会が少なかったので、自信がないから。

2　②<u>その</u>はどんなことを指しているか。

　　1　発表を頼まれても最初は断ろうとすること

　　2　自信がつけば発表してみたいと思っていること

　　3　数週間後や数ヵ月後に発表する人が多いこと

　　4　準備の時間があれば上手に発表できること

3　筆者がこの文章で言いたいことは何か。

　　1　日本人学生は外国人学生に比べて消極的である。

　　2　日本人学生は外国人学生に比べて自信のない人が多い。

　　3　人前^{ひとまえ}で上手に話す能力は訓練や経験によって身に付くものだ。

　　4　人前^{ひとまえ}で話すためには数週間から数ヵ月の準備が必要である。

問題12

次の文章は、他人との距離の取り方についての文章と、それと関連するＡとＢの話である。三つの文章を読んで、後の問いに対する答えとして、最もよいものを１・２・３・４から一つ選びなさい。

　通常、わたしたちは、距離（空間）がとれるものであれば、見知らぬ (注1) 他人とはかならず一定程度離れたところに身体を置く。①空間的に他者とのしきり (注2) を無意識につくっているのである。（中略）満員電車の中で、わたしたちは身体を接する他人との距離を物理的にはとれないとなると、非物理的にとることを考え始める。たとえば目をつぶることで、視覚的に現状を消し去ろうとする。

（柏木博『「しきり」の文化論』講談社刊による）

【Ａの話】

電車の中で長い座席の真ん中と端とどちらに座りたいか大学のゼミの仲間に聞いてみたら、７割の人が「できれば端の席に座りたい」と答えました。その理由を聞いてみると、隣にいる他人が一人だけなのと、両側から挟まれているのとでは、居心地 (注3) の点でかなりの違いがあるということです。社会心理学の教授に聞いたら、これは、「パーソナルスペース」つまり、自分のテリトリー (注4) を守りたいという心理が働いているようで、自己防衛のためのスペースを確保しているのだそうです。

【Ｂの話】

読書をするのに一番集中できる場所はどこかと家族や同僚に聞いてみたことがあります。すると「通勤電車の中」と答えた人が非常に多かったことにびっくりしました。たとえ、それが立ったままであっても、かなりの人が満員電車の中でも読書に没頭して (注5) いるようです。満員電車の中という状況で、なぜ集中できるのでしょうか。ある雑誌の記事によると、人は、満員電車のような物理的な「パーソナルスペース」を確保できない状況では、読書、携帯のメール、音楽などに没頭することにより、非物理的な「パーソナルスペース」を確保し、ストレスから逃れているそうです。

（注1）見知らぬ：見た覚えがない

（注2）しきり：仕切るもの

（注3）居心地：ある場所にいるときの感じや気持ち

（注4）テリトリー：自分だけのための場所

（注5）没頭する：一つのことに熱中する

1 ①空間的に他者とのしきりを無意識につくっているとあるが、一番近いのはどれか。

1 さまざまな方法で現状を遮断する。

2 自分を守るためのスペースを確保する。

3 目をつぶって考え事をする。

4 満員電車の中でのストレスから逃れる。

2 AとBの話について、正しいのはどれか。

1 AもBも他人との物理的距離について話している。

2 AもBも他人との非物理的距離について話している。

3 Aは他人との物理的距離、Bは非物理的距離について話している。

4 Aは他人との非物理的距離、Bは物理的距離について話している。

短期マスター
日本語能力試験ドリル
N2 第2版

別冊
解答・聴解スクリプト

にほんごの
凡人社
BONJINSHA

解答

練習問題

文字・語彙

問題1

| 1 | 1 | 2 | 4 | 3 | 1 | 4 | 2 |
| 5 | 2 | 6 | 4 | 7 | 3 | | |

問題2

| 1 | 2 | 2 | 3 | 3 | 2 | 4 | 1 |
| 5 | 4 | 6 | 4 | 7 | 3 | | |

問題3

| 1 | 4 | 2 | 2 | 3 | 1 | 4 | 2 |
| 5 | 4 | 6 | 3 | 7 | 3 | | |

問題4

1	2	2	1	3	4	4	4
5	1	6	4	7	2	8	3
9	4	10	1				

問題5

| 1 | 1 | 2 | 4 | 3 | 4 | 4 | 3 |
| 5 | 1 | 6 | 1 | 7 | 3 | | |

問題6

| 1 | 1 | 2 | 4 | 3 | 2 | 4 | 1 |
| 5 | 3 | 6 | 4 | 7 | 2 | | |

文法

問題1

1	4	2	2	3	3	4	2
5	1	6	2	7	2	8	3
9	2	10	1	11	4	12	3
13	4	14	3	15	1	16	2
17	1	18	3				

問題2

| 1 | 2 | 2 | 4 | 3 | 1 | 4 | 1 |
| 5 | 3 | 6 | 1 | 7 | 2 | | |

問題3

| 1 | 2 | 2 | 4 | 3 | 3 | 4 | 1 |
| 5 | 3 | | | | | | |

読解

問題1　　1　4

問題2　　1　1

問題3　　1　1

問題4　　1　3

問題5　　1　3

問題6　　1　2

問題7 　　1 1

問題8
1 1 　　2 3 　　3 4

問題9
1 2 　　2 2 　　3 4

問題10
1 1 　　2 4 　　3 4

問題11
1 4 　　2 2 　　3 3

問題12
1 2 　　2 3

問題13
1 4 　　2 3 　　3 2 　　4 4

問題14
1 2 　　2 3

聴解

問題1
1 3 　　2 2 　　3 4 　　4 4
5 1

問題2
1 4 　　2 2 　　3 1 　　4 4

5 3 　　6 2

問題3
1 2 　　2 4 　　3 1 　　4 3
5 2

問題4
1 3 　　2 1 　　3 3 　　4 2
5 3 　　6 1 　　7 3 　　8 1
9 2 　　10 2 　　11 3 　　12 1

問題5
1 4 　　2 質問1 2 　　質問2 1

まとめのテスト

文字・語彙

問題1
1 4 　　2 2 　　3 1

問題2
1 3 　　2 2 　　3 4

問題3
1 2 　　2 1 　　3 3

問題4
1 3 　　2 4 　　3 2 　　4 4

解答

問題5
| 1 | 2 | | 2 | 3 | | 3 | 1 |

問題6
| 1 | 1 | | 2 | 4 | | 3 | 3 |

文法
問題1
| 1 | 1 | | 2 | 3 | | 3 | 4 | | 4 | 3 |
| 5 | 3 | | 6 | 1 |

問題2
| 1 | 1 | | 2 | 4 | | 3 | 3 |

問題3
| 1 | 4 | | 2 | 1 | | 3 | 2 | | 4 | 1 |
| 5 | 3 |

読解
| 問題1 | 1 | 4 |

| 問題2 | 1 | 3 |

| 問題3 | 1 | 2 |

問題4
| 1 | 1 | | 2 | 2 | | 3 | 3 |

問題5
| 1 | 2 | | 2 | 4 | | 3 | 1 |

問題6
| 1 | 4 | | 2 | 1 |

問題7
| 1 | 3 | | 2 | 4 | | 3 | 4 | | 4 | 1 |

問題8
| 1 | 3 | | 2 | 3 |

聴解
問題1
| 1 | 3 | | 2 | 2 | | 3 | 4 |

問題2
| 1 | 2 | | 2 | 1 | | 3 | 4 |

問題3
| 1 | 1 | | 2 | 1 | | 3 | 2 |

問題4
| 1 | 1 | | 2 | 3 | | 3 | 2 | | 4 | 1 |
| 5 | 2 | | 6 | 3 |

問題5
| 1 | 3 | | 2 質問1 1 質問2 3 |

聴解スクリプト

(M：男性　F：女性)

練習問題

問題1

1番

旅行の準備をしています。女の人は、ほかに何を入れますか。

F：カメラ、化粧品、下着は3日分…。ねえ、寒いかなあ？

M：うん、山の上だからね。夏とはいっても、寒いかもしれないよ。

F：じゃあ、セーター、持っていったほうがいいか。あと、冬用の帽子もあったほうがいいかなあ？

M：そこまでは必要ないだろう。あ、山道を歩くから、靴は歩きやすいものがいいよ。

F：うん、それは大丈夫。あ、それから、靴下も入れなきゃ。

女の人は、ほかに何を入れますか。

2番

美容院で話しています。女の人は、どんな髪型にしますか。

M：短くするんですか。こんなに長くなったのに、もったいないですね。

F：雰囲気を変えたいんですよ。思いっきり短くするのは、どうかしら。

M：うーん、お客様の場合は、あまり短くすると、お顔が丸く見えてしまうと思いますよ。

F：そうですか。それは嫌だなあ。

M：長さは、肩ぐらいにして、前髪を変えてみるというのはどうですか。

F：前髪を？　どんなふうに？

M：短くして、前に垂らすんです。ほら、そうすると、分けているときと雰囲気がまったく違うでしょう？

F：そうですね。でも、まっすぐそろえるのは、ちょっとやだなあ。

M：でしたら、少し量を減らして、斜めに流すというのはどうですか。

F：うん、それなら、まあ、いいかな。

M：では、やってみましょう。

女の人は、どんな髪型にしますか。

3番

05

レストランで注文しています。女の人は、何を食べますか。

F：本日のスペシャル・ランチっていうのは、何ですか。

M：ハンバーグでございます。それに、ご飯かパンと、食後のコーヒーが付きます。

F：あ、じゃあ、それ、パンで。サラダとかスープは付いてないんですか。

M：プラス300円で、サラダかスープが付きます。

F：どちらか一つですね。どちらかというと、スープかなあ。

M：両方お付けすることもできますが…。

F：両方にすると、600円ってことですよね？

M：はい。

F：うーん、じゃあ、スープだけお願いします。

M：かしこまりました。食後のデザートも、プラス300円でお付けすることができますが。

F：コーヒーは付いているんですよね？

M：はい。

F：じゃあ、デザートはけっこうです。

<ruby>女<rt>おんな</rt></ruby>の<ruby>人<rt>ひと</rt></ruby>は、<ruby>何<rt>なに</rt></ruby>を<ruby>食<rt>た</rt></ruby>べますか。

4番

<ruby>学生<rt>がくせい</rt></ruby>が、<ruby>先生<rt>せんせい</rt></ruby>に<ruby>論文<rt>ろんぶん</rt></ruby>を<ruby>見<rt>み</rt></ruby>てもらっています。どこを<ruby>直<rt>なお</rt></ruby>しますか。

M：どうでしょうか、だいぶ<ruby>書<rt>か</rt></ruby>き<ruby>直<rt>なお</rt></ruby>したんですが…。

F：うーん、よくはなっているね。でも<ruby>文字<rt>もじ</rt></ruby>の<ruby>間違<rt>まちが</rt></ruby>いを<ruby>直<rt>なお</rt></ruby>して、わかりやすい<ruby>表現<rt>ひょうげん</rt></ruby>にすることは、<ruby>基本的<rt>きほんてき</rt></ruby>なことだからね。

M：あと、データだけだった<ruby>部分<rt>ぶぶん</rt></ruby>に、グラフを<ruby>付<rt>つ</rt></ruby>け<ruby>加<rt>くわ</rt></ruby>えました。

F：うん、とてもわかりやすくなったよ。ただ、そうすると、<ruby>今度<rt>こんど</rt></ruby>は、<ruby>過去<rt>かこ</rt></ruby>の<ruby>状況<rt>じょうきょう</rt></ruby>と<ruby>比較<rt>ひかく</rt></ruby>したくなってくるね。これ、<ruby>過去<rt>かこ</rt></ruby>のデータもあるの？　グラフにしたらどう？

M：はい、データはあります。ですが、<ruby>過去<rt>かこ</rt></ruby>のものも、<ruby>割合<rt>わりあい</rt></ruby>としてはあまり<ruby>変化<rt>へんか</rt></ruby>してないんです。

F：そうか。じゃあ、そのことは、<ruby>言葉<rt>ことば</rt></ruby>で<ruby>付<rt>つ</rt></ruby>け<ruby>加<rt>くわ</rt></ruby>えるだけでいいかな。

M：はい、そうします。<ruby>写真<rt>しゃしん</rt></ruby>なんかもありますが、それも<ruby>入<rt>い</rt></ruby>れたほうがいいでしょうか。

F：うーん、<ruby>写真<rt>しゃしん</rt></ruby>はいらないでしょう。

どこを<ruby>直<rt>なお</rt></ruby>しますか。

5番

<ruby>会社<rt>かいしゃ</rt></ruby>で、<ruby>部長<rt>ぶちょう</rt></ruby>と<ruby>秘書<rt>ひしょ</rt></ruby>が<ruby>話<rt>はな</rt></ruby>しています。<ruby>秘書<rt>ひしょ</rt></ruby>はこれからどうしますか。

F：<ruby>新製品発表会<rt>しんせいひんはっぴょうかい</rt></ruby>の<ruby>招待状<rt>しょうたいじょう</rt></ruby>、<ruby>大阪工業<rt>おおさかこうぎょう</rt></ruby>の<ruby>伊藤<rt>いとう</rt></ruby>さんにお<ruby>送<rt>おく</rt></ruby>りしたんですが、<ruby>戻<rt>もど</rt></ruby>ってきてしまいました。<ruby>宛先不明<rt>あてさきふめい</rt></ruby>になっています。

M：おかしいね。<ruby>会社<rt>かいしゃ</rt></ruby>が<ruby>引<rt>ひ</rt></ruby>っ<ruby>越<rt>こ</rt></ruby>したということはないだろう。

F：もう<ruby>一度<rt>いちど</rt></ruby>、<ruby>送<rt>おく</rt></ruby>り<ruby>直<rt>なお</rt></ruby>しましょうか。

M：いや、<ruby>大阪工業<rt>おおさかこうぎょう</rt></ruby>に<ruby>電話<rt>でんわ</rt></ruby>をして、<ruby>宛先<rt>あてさき</rt></ruby>を<ruby>確<rt>たし</rt></ruby>かめてみて。

F：そうですね。発表会の日程は、早くお知らせしたほうがいいですし…。

M：うん、手紙でなくても、ファックスで招待状を送ってもいいしね。

F：わかりました。では、まず、お電話してから、お手紙にするかファックスにするか考えます。

M：うん、頼むよ。

秘書はこれからどうしますか。

問題2

1番

09

学生が飲み会の相談をしています。飲み会はいつがいいと言っていますか。

F：クラスのみんなで飲み会やろうって言ってるんだけど、いつがいい？

M：みんなが集まりやすいのは、やっぱり、週末でしょ。金土日の夜って感じかな。

F：うん。でも、金曜日は、けっこうバイトの人が多いのよ。

M：ああ、そうなのか。じゃあ、土曜の夜？　あ、おれ、今週の土曜はだめだ。予定が入ってる。

F：そう。じゃあ、来週は？

M：来週ならOK。

F：あ、来週は、月曜も休みだね。じゃあ、来週だったら、日曜の夜でもいいかな。

M：そうだね。どっちかで、なるべくたくさんの人が集まれる日がいいんじゃない？

F：じゃあ、みんなに聞いてみるね。

飲み会はいつがいいと言っていますか。

2番

10

ハワイに行く話をしています。男の人の最大の目的は何ですか。

F：佐藤さん、1か月もハワイに行くんですってね。

M：うん、じっくりハワイを楽しんでこようと思ってるんだ。

F：のんびりできるでしょうね。海で泳いで、ショッピングをして…。

M：そういう旅行じゃないんだよ。今回は、ハワイの自然を楽しむ旅行にしたいんだ。

F：自然って？　やっぱり、海でしょ？

M：そうでもないよ。ハワイは火山の島だから、山の自然も素晴らしいんだ。山奥に滝が
　　あったり、珍しい動物がいたりするんだってさ。

F：へえ。そういえば、佐藤さん、山歩き、好きだもんね。

M：うん。でもそれだけじゃなくて、火山の溶岩が噴き出しているところも見られるん
　　だって。僕は、それが楽しみなんだ。

F：へえ、溶岩？　でも、それって、危なくないの？

M：ガイドの人が一緒に行くから大丈夫さ。溶岩なんて、なかなか見られないからね。

男の人の最大の目的は何ですか。

3番

11

男の人と女の人が話しています。明日、雨だったら、どうしますか。

M：明日、植物園にコスモス見に行く予定だったけど、お天気、大丈夫かなあ。

F：うーん、天気予報では「曇りのち雨」になってるね。植物園でのんびり芝生に座って、
　　とか思ってたんだけど…。

M：雨だと楽しめないよね。植物園はやめて、映画にでも行く？

F：映画かあ。今、あんまり見たいものないなあ。

M：じゃあ、買い物は？

F：うーん、人込みは疲れる。私、広い所でのんびりしたかったんだ。

M：そうか。じゃあ、DVDでも借りてきて、家でのんびりするか。

F：うん、雨だったら、それでもしょうがないね。でも、もし晴れたら、植物園に行こうよ。

M：わかった。じゃあ、明日になってから決めよう。

明日、雨だったら、どうしますか。

4番

12

先生と学生が話しています。レポートの最終締め切りはいつですか。

F：えー、レポートの提出は、来週の水曜日ですよ。あと1週間。忘れていませんね。

M：授業のときに提出するんですか。

F：ええ、なるべくならそうしてください。もちろん、火曜日でもいいですよ。でもまあ、水曜の夕方5時までだったらいいでしょう。

M：その場合は先生の研究室に持っていけばいいですか。

F：そうですね。じゃあ、5時まで、私の研究室の前に提出用の箱を出しておきますから、そこに入れてください。5時を過ぎたら、受け取りませんからね。絶対に遅れないように。

レポートの最終締め切りはいつですか。

5番

13

女の人が俳優について話しています。この俳優のどこがいちばん好きだと言っていますか。

F：私、この人、好きなんですよね。だって、普通にかっこいいじゃないですか。スタイルもいいし、着るものの趣味もいいでしょう。別に有名なデザイナーが作った、高い

洋服を着てるわけじゃないんですよ。普通の人が着ているものと同じものなんです。でも、彼が着ると、なんか違って見えるんですよね。そういう、普通の人と同じっていうところが、彼の魅力ですよね。

この俳優のどこがいちばん好きだと言っていますか。

6番

14

会社で、社員同士が話しています。女の人は、昼ご飯をどうしますか。

M：木村さん、12時ですよ。ランチ、行きませんか。みんなで、インド料理に行こうって言ってるんですけど。

F：あ、インド料理、いいわね。でも、どうしようかなあ。この書類、2時からの会議に使うものなのよ。あともう少しでできると思うんだけど。

M：1時に帰ってきてやったんじゃ、だめなんですか。

F：大丈夫だとは思うんだけど…。

M：じゃあ、行きましょうよ。

F：うーん、でもやっぱり不安だな。食べてても落ち着かないだろうし。先に仕上げてから、昼ご飯にするわ。

M：そうですか。じゃあ、帰りにお弁当でも買ってきましょうか。

F：ありがとう。でも、いいわ。書類を仕上げてから、自分で買いに行く。

M：そうですか。じゃあ。

女の人は、昼ご飯をどうしますか。

問題3

1番

16

女の人が、お弁当について話しています。

F：日本のお弁当は見た目がとてもきれいだと、外国の方たちはびっくりするそうですね。確かに、コンビニの安いお弁当でも、中にはいろいろな食べ物が入っていて、色もさまざまです。一つのお弁当の中に、ご飯、肉や魚、野菜の煮物、漬物まで入っていて、デザートまで入っているものもあります。このように、中に入っている料理の種類が多いというのが、日本の典型的なお弁当なのです。昔から、日本のお弁当は、栄養のバランスや見た目の美しさを大切にして作られてきたんですね。
最近は、家庭で作るお弁当も、食材で動物の形を作ったりして、かわいい飾りつけをするのが人気のようです。これも、日本のお弁当の伝統を受け継いでいるのでしょうね。

女の人は、日本のお弁当の特徴は、何だと言っていますか。

1 かわいい飾りつけをすること
2 いろいろな料理が入っていること
3 値段がとても安いこと
4 デザートが入っていること

2番

17

男の人が話しています。

M：この間、子どものころ育った町に行ってきました。30年ぶりでした。いや〜、町の様子がすっかり変わっちゃって…。八百屋さんや魚屋さんが並んでいた商店街が、みんな近代的な3階建てや4階建てのビルになっていました。空があんまり見えなくて、何だか、狭苦しく感じました。昔遊んだ公園も、きれいになっていたんだけど、

なんか作られた場所っていう感じだったなあ。子どものころは、もっと自然がいっぱいあったんだけどなあ。

でも、まあ、30年もたっているんだから、当然かもしれませんね。自然がなくなった代わりに、便利になったことも多いんだから…。僕の思い出のままの町というわけにはいきませんよね。

男の人は、町が変わったことをどう思っていますか。

1　町が近代的になって、よかった
2　公園がきれいになって、よかった
3　自然がなくなって、よくない
4　変わっていくのは、しかたがない

3番
18

男の人と女の人が、どの店に行くか話しています。

F：ねえ、今日は、何食べる？
M：うーん、先週はイタリアンだっただろ。その前は、中華。たまには、もっと安い店に行かない？　居酒屋とかさあ。
F：え〜、居酒屋はいつだって行けるもん。デートのときぐらい、ちょっと高いお店に行きたいなあ。
M：だけどさあ、俺、今日、給料日前で、あんまり金、ないんだよ。
F：うーん、私も、あんまり持ってない。
M：だったら、居酒屋がいいよ。いろんな料理があるし、酒もいろいろ種類があるしさ。
F：だけど、周りがうるさいから、ゆっくり話ができないんだもん…。
M：じゃあ、静かなとこ、探そうよ。ね？

男の人は、どうして居酒屋に行きたいと思っていますか。

1　安くて済むから
2　ゆっくり話ができるから

3　料理の種類が多いから

4　お酒がたくさん飲めるから

4番

19

男の人が、山登りについて話しています。

M：60歳を過ぎてから、山登りが趣味になりました。山登りといっても、ハイキングの
ようなものですけどね。10人ぐらいの仲間がいましてね、月に1回、出かけています。
若い人のような体力はありませんから、時間をかけて、ゆっくり登ります。仲間に
は、花の写真を撮る人とか、絵を描く人なんかがいて、楽しみ方はさまざまですが、
私は、山を降りたとき、ふもとの温泉に入るのが楽しみでねえ。実に気持ちがいい
んですよ。
正直言って、体力はだんだん落ちてきていて、月1回というのがつらいと思うこと
もあります。でも、まあ、無理しない程度に楽しみたいと思っています。

男の人は、山登りの何が楽しいと言っていますか。

1　気の合う仲間と行くこと

2　ゆっくり花を見て登ること

3　山を降りてから温泉に入ること

4　だんだん体力がつくこと

5番

20

ファッションモデルにインタビューしています。

M：加藤さんは、ファッションモデルでありながら、女優としてドラマにも出演してい
らっしゃいますね。女優のお仕事はどうですか。

F：はい、とても楽しいです。これからは、モデルの仕事よりも女優の仕事をたくさんし

ていきたいと思っています。映画もやってみたいし、舞台もやってみたいし。とにかく、いろんな役をやってみたいです。

M：いろんな役といいますと？

F：いい人ばかりじゃなくて、嫌われる人とか、殺人犯とか、ね…。きれいな主人公の役ばかりじゃ、つまらないでしょ？

M：なるほど。

F：そのためには、もっと演技の基礎を勉強しなくてはいけないと思ってます。

M：そうですか。がんばってくださいね。ファンの皆さんも楽しみにしていると思いますから。

女の人は、どんな女優になりたいと言っていますか。

　　1　ファッションモデルもできる女優
　　2　どんな役でもできる女優
　　3　きれいな主人公の役ができる女優
　　4　ファンを楽しませられる女優

問題4

1番

22　M：今日は、忙しくて昼ご飯を食べる時間がなかったよ。

　　F：1　それは、ごちそうさまでした。
　　　　2　もう、おなかいっぱいですよ。
　　　　3　それじゃあ、おなかが空いたでしょ。

2番

23　F：今度の週末、一緒にハイキングに行かない？

M：1　週末までにレポートが書けたら行くよ。

　　2　週末は、天気がよくて、よかったね。

　　3　ハイキングは楽しかっただろうね。

3番

24　M：新幹線の出発まで、あと5分しかないよ。

F：1　慌ててください。

　　2　のんびりしていてください。

　　3　急いで行きましょう。

4番

25　F：きちんと片付いた部屋ですね。

M：1　私は、掃除が苦手なんです。

　　2　私、きれい好きなんです。

　　3　私の部屋は日当たりがいいんです。

5番

26　M：この書類、今日中に100部印刷しておいてくれないか。

F：1　はい、明日やっておきます。

　　2　はい、もう昨日、やりました。

　　3　うーん、今日中はちょっと…。

6番

27　F：今日は、寒くなりそうだよ。

　　M：1　じゃあ、コートを着て行こう。
　　　　2　傘を持っていったほうがいいよ。
　　　　3　明日は暖かいだろう。

 7番

28　M：市役所へは、どう行けばいいですか。

　　F：1　市役所は、まっすぐな所にあります。
　　　　2　まっすぐ行くと駅がありますよ。
　　　　3　この道をまっすぐ行ってください。

 8番

29　F：久しぶりだね。

　　M：1　1年ぶりだね。元気だった？
　　　　2　こんにちは。昨日はどうも。
　　　　3　はじめまして。どうぞよろしく。

 9番

30　M：ご注文はお決まりでしょうか。

　　F：1　まだ食べ終わっていません。
　　　　2　今日のおすすめは何ですか。
　　　　3　禁煙席は空いていますか。

10番

31

F：お帰りなさい。遅かったね。

M：1　明日は、残業の予定です。
　　2　今日は、残業で疲れたよ。
　　3　残業、お疲れ様でした。

11番

32

M：さっき、田中さんという方から電話がありました。

F：1　もしもし、田中さんですか。
　　2　田中さんは、誰ですか。
　　3　田中さん？　誰だろう。

12番

33

F：わあ、もう8時！　大変、遅刻だ！

M：1　もっと早く起きればいいのに。
　　2　もっと早く入ればいいのに。
　　3　もっと食べればいいのに。

問題5

1番

35

天気予報を聞いて、夫婦が話しています。台風が過ぎたら、週末はどうしますか。

F1：台風16号は、現在、沖縄の南を北に向かって進んでいます。今週末には、九
　　州に上陸する可能性が高くなってきました。この台風では、大雨が予想されます
　　ので、十分にご注意ください。

M　：ああ、週末のハイキングにぶつかるね。

F２：ほんと、台風が早く過ぎてくれればいいけど…。

M　：いやあ、台風が過ぎても、雨が降ったあとの山は、子どもたちには危ないよ。滑ったりして歩きにくいし。今週はやめておこうよ。

F２：でも、子どもたち、楽しみにしてるのよ。来週は都合が悪いし…。

M　：ああ、でも、山はなあ…。どこか公園にでも行く？

F２：そうねえ。まあ、それなら、子どもたちも満足するだろうけど。

M　：でも、それも台風が過ぎていれば、だよ。

F２：まあね。台風だったら、家の中で遊ぶしかないわね。

台風が過ぎたら、週末はどうしますか。

　1　九州に行く

　2　家で遊ぶ

　3　ハイキングに行く

　4　公園に行く

2番

37

駅のホームで、学生が話しています。

M１：お客様にお知らせいたします。ただいま、上り列車は、人身事故のため、運転を取りやめております。お急ぎのところ大変申し訳ございません。お急ぎの方は、他社の鉄道やバスをご利用ください。

F　：え～、困ったなあ。授業に遅れちゃうじゃない。どうする？　別の線を使って行く？

M２：うーん、でも、すごく遠回りになるよ。乗り換えが多いし。

F　：じゃあ、タクシーで行くとか？　並んでるかなあ、タクシー乗り場。

M２：そこまですることないよ。ねえ、授業、サボっちゃわない？

F　：え～、でも、試験前だから、出たほうがいいんじゃない？　レポートについての説明もあるよ、きっと。

M2：でも、しょうがないじゃないか、電車が止まってるんだから。ほかにも、行けない学生、たくさんいるよ。

F　：まあ、そうだけどね。でも、まだ時間はあるよ。15分以内に動き出せば授業に間に合うから、待ってみようよ。

質問1　女の人はどう思っていますか。

質問2　男の人はどう思っていますか。

まとめのテスト

問題 1

1番

39

夫婦が、キャンプの準備をしています。男の人が用意するものは何ですか。

M：楽しみだな。6人も集まるって、久しぶりだもんな。テントに泊まって、バーベキューやるんだろう？

F：そう。だから、バーベキューの材料とか飲み物とか、持っていくものがたくさんあるのよ。

M：荷物が多くなるね。おれたち電車で行くのに、大丈夫？

F：うん、ちゃんとみんなで分担した。野菜と飲み物は、田中さんが車で行くから、持ってきてくれる。佐藤さんは、お肉。だから、私たちは、お皿とかコップとか、食器を用意するの。

M：え〜、それでも重いじゃないか。

F：大丈夫よ。紙の食器にするから。それはもう買ってきてあるから、あなた、洋服とか歯ブラシとか、自分のものは自分でそろえてよね。

M：わかった。あと、ポテトチップスも持っていこうよ。

F：いいわよ。でも、自分で買ってきてね。

男の人が用意するものは何ですか。

2番

40

監督と衣装係が、女優の衣装をチェックしています。衣装をどう直しますか。

M：衣装、これでどうでしょうか。

F：うん、明るくていい色だね。かわいい感じ。だけど、もう少し大人っぽくしたいなあ。

ドレスをもう少し長くできるかな。

M：はい、あと 10 センチぐらいは伸ばせます。

F：じゃあ、ギリギリまで長くしてみて。

M：はい。

F：それから、袖も、半袖じゃなくて、長袖にできる？

M：あ、それはちょっと…。袖を取ってしまうことはできますが、長くするのは…。

F：そうか、じゃあ、取ってしまって、ショールを肩にかけようか。

M：それなら、同じ色のショールがあります。

F：いや、ショールは、同じ色じゃないほうがいいでしょう。黒とか、ドレスとは逆に暗い色。

M：はい。わかりました。探してみます。

衣装をどう直しますか。

3番
41

男の人と女の人が話しています。研修旅行に参加する人は、事務室に何を持っていきますか。

F：夏休みの、アメリカ研修旅行のパンフレットができましたので、お配りします。参加する方にお願いします。これから配る封筒の中に入っている申込書に、名前、電話番号、住所などを記入して、事務室に持ってきてください。あと、パスポートのコピーを貼ってください。旅行会社の手続きのために必要なので。

M：費用はどうすればいいですか。

F：申込金として1万円が必要です。それも一緒に持ってきてください。

M：で、残りのお金は？　あと9万円でしたっけ。

F：それは、出発までに、旅行会社に振り込んでいただくことになります。来月の15日までに、お願いします。

研修旅行に参加する人は、事務室に何を持っていきますか。

問題2

1番

43

男の人と女の人が、友人を待っています。二人はこれからどうしますか。

M：林さんと田中君、遅いねえ。待ち合わせの時間、もう10分も過ぎてる。映画、始まっちゃうよ。

F：田中君はいつも遅刻するのよね。この間なんか30分も遅刻したんだよ。だから、今回は10分以上遅れたら先に行っちゃうよ、って言っておいた。映画館もわかってるから、どうせあとで来るよ。

M：じゃあ、いっか。

F：でも、林さんはどうしたんだろう？　いつも、遅れることなんかないのに。

M：うん、電車が遅れてるのかなあ。あと5分待って来なかったら、行っちゃおっか。

F：そうだね。映画、始まっちゃうもんね。あ、来た来た、林さ～ん、ここ、ここ。

二人はこれからどうしますか。

2番

44

バッグ売り場で話しています。女の人は、どんなバッグを選びますか。

M：このバッグ、いいんじゃない？

F：そうね。色もデザインもすてき。でも、ちょっと重いね。

M：そうだけど、僕の場合は、書類なんかをたくさん入れるから、大きいのじゃないとだめなんだよね。

F：たくさん入れるからこそ、軽いバッグがいいんじゃない。持ってるだけで疲れちゃうもん。私は、仕事用のバッグは、長い間持っていても疲れないものじゃないとだめ。肩から掛けられたり、手で持ったり、両方できるともっといいけど。

M：僕は、中がいっぱい区切られていて、中身がきちんと整理できるかどうかにこだわる

なあ。

F：ああ、確かにそれも必要ね。でも、私はやっぱり…。

女の人は、どんなバッグを選びますか。

3番

45

学生が話しています。女子学生は、何曜日に学校に来ますか。

M：どの授業取るか、決まった？

F：うん、だいたいね。

M：日本語は、何曜日の取るの？　週に3回取らなきゃいけないんでしょ？

F：うん。私は、月曜から水曜まで、続けて取ろうと思って。

M：え〜、続けては大変じゃないの？

F：でもね、そうすると、授業が月曜日から木曜日までになって、金土日が休みになる
のよ。そうすれば、週末がまとまって休みになるから、旅行に行ったりできるで
しょ。

M：あ、でも、金曜日には、必修の授業があるよ。ほら、この英語。

F：え、あ、そうか…。月曜は必修はないよね。じゃあ、この日の日本語を金曜に変え
ればいいか…。

女子学生は、何曜日に学校に来ますか。

問題3

1番

47

小説家の女の人が話しています。

F：毎日、仕事ばかり。こんなに仕事ばかりでいいのかなあ、と思うこともありますが、小説を書くことが好きなんだからしかたないですよね。でも、時々、行き詰まることがあります。苦しいですよ、書きたいのに書けないんですから。

そんなとき、私が最初にするのはドライブです。車に乗って、思いつくままにいろんな所へ行くんです。天気がいいときに窓を開けて走るととても気持ちがいいですし、音楽を聞きながら歌うのも楽しいです。しばらく車を走らせると、気分がガラリと変わるんですよ。脳の中に新鮮な空気が入ってくるっていう感じ。

女の人は、何について話していますか。
1　行き詰まったときの気分転換の方法
2　車の運転が上手になる方法
3　歌っているときの楽しさ
4　いい小説を書くためのコツ

2番

48

男の人と女の人が、部屋について話しています。

F：どうもこの部屋の雰囲気、気に入らないのよね。机や本棚の場所を変えてみようかしら。

M：そう？　でも、机が部屋の隅にあるのは、勉強するときに落ち着くんじゃないの？図書館だって、勉強する所は壁の近くじゃない。

F：でもね、壁に向かっていると、何だか気分まで暗くなっちゃうのよ。それに、今は本棚が窓を隠しちゃってるでしょ。だから部屋全体が暗い感じなの。

M：そうか。じゃあ、本棚を壁のほうに移動させて、机を窓のそばに持っていってみる？

F：そうね。そのほうがいいかも。

女の人は、部屋をどんな雰囲気にしたいと思っていますか。
1　明るい雰囲気
2　落ち着いた雰囲気

3 図書館のような雰囲気

4 暗い雰囲気

3番

49

男の人が、自転車について話しています。

M：最近、自転車に乗る人の数が増えましたねえ。ガソリンを使わないから、環境のためにいいし、乗っている人には運動になるから、健康のためにもいい。道路が渋滞しないのも助かりますね。でも、自転車に乗る人が多くなると、だんだん、そのマナーが気になってきます。駅やスーパーでは、少しでも近い所に自転車を止めようと、歩く人の迷惑を考えずに自転車を止める人がいる。これは困ったものです。それから、歩道をすごいスピードで走る人もいて、もう、危なくてしかたないんですよ。せっかくいいことが多いんだから、もう少し気を付けてもらいたいですね。

男の人はどう思っていますか。

1 駅やスーパーは、自転車置き場を増やすべきだ

2 自転車に乗る人は、マナーを守るべきだ

3 自転車に乗る人は、もっと環境を考えるべきだ

4 健康のために、もっと自転車に乗るべきだ

問題4

1番
51　M：すごく疲れた顔してるけど、どうしたの？

　　F：1　今日は、すごく忙しかったんだ。
　　　　2　今日は、家でのんびりしたんだ。
　　　　3　今日は、おなかが痛かったんだ。

2番
52　F：明日、仕事を休ませてもらいたいんですが…。

　　M：1　どうして休んだの？
　　　　2　どうして仕事を辞めてしまったの？
　　　　3　急にどうしたの？

3番
53　M：もっと召し上がってください。

　　F：1　もっと早く来てください。
　　　　2　もう、おなかいっぱいです。
　　　　3　まだ食べていないんですか。

4番
54　F：タバコは体に悪いから、禁煙したほうがいいよ。

　　M：1　だけど、なかなか禁煙できないんだ。
　　　　2　もう1年以上も禁煙してるよ。
　　　　3　体が悪いから、タバコは吸えないんだ。

5番

55 M：田中さんが入院したそうだね。

F：1　ええ、そうらしいですね。お大事に。

　　2　え、知らなかった。どうしたんですか。

　　3　でも、田中さんは、今日、休みですよ。

 6番

56 F：夏休みは、ふるさとに帰っていました。

M：1　夏休みはいつまでですか。

　　2　もう帰ってもいいですか。

　　3　ふるさとはどちらですか。

問題5

1番

58

3人の学生が、地震について話しています。

M1：日本は地震が多いらしいけど、地震のときって、どうすればいいの？

M2：まず、火を使っていたら、火を消す。

M1：ああ、火事にならないようにだね。

M2：そうそう。

F　：あら、最近は、地震が起きるとガスが自動的に止まるようになってるから、すぐに
　　　テーブルの下なんかに隠れたほうがいいのよ。

M2：え、そうなの？　台所のガスやストーブの火を消して、ドアを開けて逃げ道を
　　　作って、と思ってたけど。

F　：揺れてるときに、そんなにいろいろできないよ。ガスの火を消しに行って、鍋が倒
　　　れてやけどすることもあるんだって。それよりは、まず、自分の身を守るのがいち

ばん！

M2：そうなのか。

M1：でも、うちは、下に隠れられるようなテーブルなんてないよ。

F　：だったら、食器棚とか本棚が倒れてこないような場所で、頭をクッションとか布団で覆うの。

地震のとき、まず何をしますか。

1　食器棚と本棚を押さえる
2　台所のガスやストーブの火を消す
3　頭を覆って、自分の身を守る
4　ドアを開けて、逃げ道を作る

2番

夫婦と女の子が話しています。

F1：そろそろお中元、送らないとね。お兄さんのとこ、何にする？

M　：毎年、ビールだろ。それでいいんじゃないか。

F1：でも、いつも同じじゃつまらなくない？　ワインなんかはどう？

M　：いや、あのうちは夫婦そろってビール好きだから、ビールのほうがいいよ。あ、それから、今年は伊藤さんのとこも頼むよ。

F1：ああ、そうね。伊藤さんのとこもビール？

M　：うーん、あそこは子どもがいるから、ビールより、ジュースとかお菓子がいいんじゃないかな。

F2：ねえ、だったら、この雑誌に出てる、スイーツセットなんてどう？

F1：スイーツセットって？

F2：人気のケーキ屋さんが作ってるケーキで、今、人気なんだよ。

F1：ケーキはだめよ。お中元に送るものは、長持ちするものじゃないと。

F2：ふーん、じゃあ、こっちのクッキーは？

M　：どれどれ、ああ、クッキーならいいんじゃないか。

F1：そうね。じゃあ、これにしてみる？

M　：うん、そうだね。

質問1　お兄<ruby>兄<rt>にい</rt></ruby>さんには<ruby>何<rt>なに</rt></ruby>を<ruby>送<rt>おく</rt></ruby>りますか。

質問2　<ruby>伊藤<rt>いとう</rt></ruby>さんには<ruby>何<rt>なに</rt></ruby>を<ruby>送<rt>おく</rt></ruby>りますか。

問題13

次の文章を読んで、後の問いに対する答えとして、最もよいものを1・2・3・4から一つ選びなさい。

「私、絵が描けないのです」と言う人がたまにいる。そんな訳はない。紙とペンがあれば誰だって描ける。紙がなくったって、何だっていい。でも描けないというのは、「それらしく」描かなくてはならないという気持ちがあるからだ。馬を描きたかったんだけど牛になってしまった、りんごを描いたのがみかんに見える。だから①絵はうまくない、描きたくないとなる。

でも、絵は正確さを要求されるものではない。自分の馬、自分のりんごを描けばいい。絵はそれくらい「いいかげん」なものであり、許容範囲の広いものである。本物らしく描くことは、描くことではなく写すこと。描くということは自分なりの形でいいのだ。

熊本で障害をもつ子供たちと絵を共作する機会があった。夏休みだったので、屋外で、走り回りながら絵を描こうと思ったのだが、主催者側の人は「足の悪い子もいるから外へ出るのはどうでしょうかねぇ」と首をかしげる。「手の不自由な子もいるんですか」と聞いてみると、「ええ。目の悪い子もいます」という。

どうしたものだろうと、正直いって迷いながら、当日、会場に行くと、こっちの迷いや緊張が子供にも伝わっているみたいで、雰囲気はどうも悪い。緊張をほぐすために話をしようと、名札を見ながら、

「ケイタくんは何年生？」

と話しかける。すると、となりの子が、

「ケイタの耳、よく聞こえない」

そんなふうでどうもぎこちない。

そこで、大きな白い紙を机の上に広げて、②とりあえずアクションを起こす。

まず青で塗る。とにかく、勢いよく塗り始めた。すると、その筆が走るスピード感や白い紙がどんどん青くなっていく感じに子供たちが反応し始め、表情も変わってきた。

身をのりだして来た子供の手に絵の具をつけると、それがきっかけで子供たちも筆を取りだして、あとはもう無法地帯。何を描く訳でもなく、大勢で色遊びをしながら絵を描き続けていった。

出来上がった絵を、みんなで鑑賞した。その絵は美術館でガラスごしに見る絵よりも、自分たちに伝わってくるものがある。知らない人が描いた絵より、自分たちが描い

たというリアルな感触^{かんしょく}がある。一人で描いた絵より、大勢で描いたほうが驚き・発見がある。誰だって絵を描けるし、誰だって絵を楽しめる。

　それらしく描く技術よりも喜んで描く気持ちが大切であり、③絵に失敗はなく、不正確もない。それが自分の作品であり、それは自分の世界である。

（日比野克彦『8万文字の絵』PHP 研究所刊による）

読解

1　①絵はうまくない、描きたくないと言う人に対して、筆者はどうすればいいと言っているか。

　1　馬を牛のように、りんごをみかんのように描けばいい。

　2　自分の持っている馬やりんごを描いておけばいい。

　3　それらしく描きたかったら、写せばいい。

　4　それらしく描こうとしなければいい。

2　②とりあえずアクションを起こすとあるが、誰が何をしたのか。

　1　子供たちが白い紙を机の上に広げた。

　2　子供たちが色を塗り始めた。

　3　筆者が色を塗り始めた。

　4　筆者が子供たちに絵を描かせ始めた。

3　③絵に失敗はなく、不正確もないとは、どういう意味か。

　1　それらしく描こうとすると失敗したり不正確になったりする。

　2　"失敗した絵" "不正確な絵" というものは存在しない。

　3　喜んで描けば、失敗したり、不正確になったりしない。

　4　失敗も不正確もあるが、それは自分の実力なのだ。

4　この文章で筆者が言いたいことは何か。

　1　本物らしく描く技術をつけるには、本物を写せばいい。

　2　絵をそれらしく描こうとするのではなく、いいかげんに描けばいい。

　3　絵は大勢でスピード感を持って描くことが大切だ。

　4　絵はそれらしく描く技術より喜んで描く気持ちが大切だ。

問題 14

次のページは、中区の区立図書館の利用案内である。下の問いに対する答えとして、最も
よいものを 1・2・3・4 から一つ選びなさい。

1　初めて本や CD を借りるとき、何が必要か。

　　1　通勤、通学が確認できるもの

　　2　住所と氏名が確認できるもの

　　3　日本人であることが確認できるもの

　　4　中区の住民であることが確認できるもの

2　借りた CD を返すとき、どうすればいいか。

　　1　中央カウンターに住所、氏名が確認できるものと一緒に持っていく。

　　2　返却カウンターに貸出券と一緒に持っていく。

　　3　返却カウンターに CD だけ持っていく。

　　4　正面入り口のブックポストに CD だけ入れる。

中区立図書館利用のご案内

1. 登録　〜貸出券を作るには〜

● 「貸出申込書」に記入して、住所、氏名の確認ができるもの（学生証、免許証、保険証等）と一緒に中央カウンターまでお出しください。

● 「貸出券」は中区立図書館全館共通です。中区以外にお住まいの方も登録できます。

● 住所変更等は、中央カウンターまでお申し出ください。

● ご登録氏名、住所、電話番号は、3年ごとに確認させていただきます。

　　なお、5年間貸出がない場合は、登録データを抹消(注1)させていただきます。

2. 貸出　〜資料を借りるときは〜

● お借りになりたい資料と貸出券を貸出カウンターにお出しください。

● 貸出点数は、図書、雑誌、コミックセット、CD等を含めて一人20点までです。

● 貸出期間は2週間です。

● 上町図書館、区民センター図書館、中町駅前図書館では、おもちゃの貸出もしています。

3. 返却　〜資料を返すときは〜

● 返却期限内に返却カウンターへお返しください。貸出券は必要ありません。

● 返却は中区立図書館のどの図書館でもけっこうです。

● 閉館(注2)時は、図書館の正面入り口の前にあるブックポストにお返しください。

　　ただし、CD、CD-ROM、カセットテープ、コミックセット、おもちゃは、直接返却カウンターにお返しください。

4. 貸出期間の延長

● 返却日までに返却できない場合は、2週間単位で、2回まで延長ができます。

● 延長手続きは、貸出期限内に電話、または、ご自宅のパソコンからお申し出ください。ただし、予約が入っている場合や返却期限が過ぎている場合は延長できません。

（注1）抹消：消すこと
（注2）閉館：図書館が開いていないこと

<ruby>聴<rt>ちょう</rt></ruby><ruby>解<rt>かい</rt></ruby>

問題1

02 問題1では、まず質問を聞いてください。それから話を聞いて、問題用紙の1から4の中から、最もよいものを一つ選んでください。

※実際の試験では、問題の前に練習があります。

 1番

03

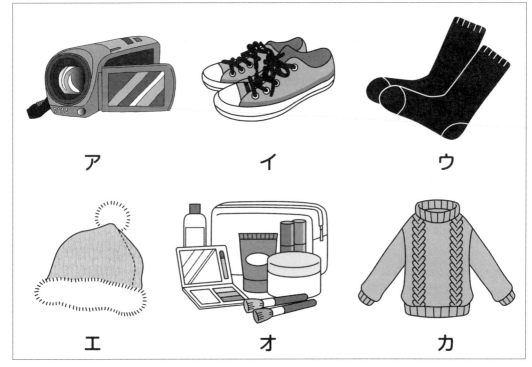

ア　　　　　　　　　イ　　　　　　　　　ウ

エ　　　　　　　　　オ　　　　　　　　　カ

1　イ　エ

2　ア　オ

3　ウ　カ

4　エ　カ

2番

1　ア

2　イ

3　ウ

4　エ

3番

ア

イ

ウ

エ

オ

カ

キ

1 ア イ エ カ

2 ア イ ウ エ

3 ア エ カ キ

4 ア ウ エ カ

4番

06

1 文字の間違いを直す

2 写真を付け加える

3 過去の状況のグラフを付け加える

4 過去の状況を言葉で説明する

5番

07

1 電話で送り先を確認する

2 手紙で招待状を送る

3 ファックスで招待状を送る

4 ファックスで送り先を確認する

問題2

08 問題2では、まず質問を聞いてください。そのあと、問題用紙のせんたくしを読んでください。読む時間があります。それから話を聞いて、問題用紙の1から4の中から、最もよいものを一つ選んでください。

※実際の試験では、問題の前に練習があります。

09

1番

1 今週の金曜日か土曜日

2 今週の土曜日か日曜日

3 来週の金曜日か土曜日

4 来週の土曜日か日曜日

10

2番

1 海で泳ぐこと

2 火山の溶岩を見ること

3 珍しい動物を見ること

4 山の中を歩くこと

11

3番

1 家でのんびりする

2 映画に行く

3 買い物に行く

4 植物園に行く

4番

12

1 来週の授業のとき

2 来週の授業の前

3 来週の火曜日の5時

4 来週の水曜日の5時

5番

13

1 着るものの趣味は悪いが、スタイルがいいところ

2 スタイルは悪いが、着るものの趣味がいいところ

3 普通の人と同じものを着ていてもかっこいいところ

4 有名なデザイナーの服でも普通に見えるところ

6番

14

1 インド料理を食べに行く

2 自分でお弁当を買ってくる

3 お弁当を買ってきてもらう

4 昼ご飯は食べない

問題3

15 問題3では、問題用紙に何もいんさつされていません。この問題は、全体としてどんな内容かを聞く問題です。話の前に質問はありません。まず話を聞いてください。それから、質問とせんたくしを聞いて、1から4の中から、最もよいものを一つ選んでください。

※実際の試験では、問題の前に練習があります。

―メモ―

聴解

問題 4

問題 4 では、問題用紙に何もいんさつされていません。まず文を聞いてください。それから、それに対する返事を聞いて、1 から 3 の中から、最もよいものを一つ選んでください。

※実際の試験では、問題の前に練習があります。

――メモ――

問題5

問題5では長めの話を聞きます。この問題には練習はありません。メモをとってもかまいません。

1番

問題用紙に何もいんさつされていません。まず話を聞いてください。それから、質問とせんたくしを聞いて、1から4の中から、最もよいものを一つ選んでください。

―メモ―

聴

解

2番

まず話を聞いてください。それから、二つの質問を聞いて、それぞれ問題用紙の 1 から 4 の中から、最もよいものを一つ選んでください。

ア 授業をサボりたい

イ なるべく授業に出たい

ウ 最後の15分だけ授業に出たい

エ 家に帰りたい

質問 1

1 ア　　　　　2 イ　　　　　3 ウ　　　　　4 エ

質問 2

1 ア　　　　　2 イ　　　　　3 ウ　　　　　4 エ

まとめのテスト

「まとめのテスト」は、日本語能力試験の問題数の、約半分の問題数になっています。実際の試験の、半分の時間を目安にして、問題を解きましょう。

〈目安の時間〉

文字・語彙、文法、読解	52分
聴解	25分

問題1

_____の言葉の読み方として最もよいものを、1・2・3・4から一つ選びなさい。

1 あの人は、いつも他人のことばかり考えているお人よしである。

   1　ほかひと　　　　2　たひと　　　　　3　ほかにん　　　　4　たにん

2 今、ものを捨てないで、再利用する技術が求められている。

   1　ざいりよう　　　2　さいりよう　　　3　ふたりよう　　　4　ざいりょう

3 あの子は相当賢くて、大人向けの難しい本をよく読んでいる。

   1　かしこくて　　　2　よくて　　　　　3　すごくて　　　　4　けんくて

問題2

_____の言葉を漢字で書くとき、最もよいものを1・2・3・4から一つ選びなさい。

1 明日、再度、_れんらく_をいただきたいのですが、よろしいでしょうか。

    1 連落   2 練絡   3 連絡   4 伝絡

2 京都へ旅行したとき、古くて_めずらしい_着物を見せてもらった。

    1 少しい   2 珍しい   3 貴しい   4 宝しい

3 店の前に車を止めたら、すぐに_けいびいん_が近寄ってきた。

    1 検察員   2 警察員   3 検査員   4 警備員

まとめのテスト

問題3

（　　　）に入れるのに最もよいものを、1・2・3・4から一つ選びなさい。

1 マッサージがどんなに痛くても、「大丈夫（だいじょうぶ）」と言っていつも（　　　）我慢（がまん）してしまう。

    1　うそ　　　　　　2　やせ　　　　　　3　へん　　　　　　4　むり

2 インフルエンザにかかって、一週間、寝（　　　）。

    1　こんだ　　　　　2　いった　　　　　3　すごした　　　　4　ぼけた

3 合理（　　　）な理由がなければ、税を引（ひ）き上（あ）げることには反対です。

    1　化　　　　　　　2　性　　　　　　　3　的　　　　　　　4　論

問題4

（　　　）に入れるのに最もよいものを、1・2・3・4から一つ選びなさい。

1 （　　　）勉強もしなかったのに、テストに合格した。

 1　とても　　　　　2　たいてい　　　　3　大して　　　　4　たまに

2 頂上まで（　　　）山道（やまみち）が続いている。

 1　詳（くわ）しい　　　　2　甚（はなは）だしい　　　3　やかましい　　4　険（けわ）しい

3 このレストランは人気があって、開店（かいてん）と同時に（　　　）ができる。

 1　満員（まんいん）　　　2　行列（ぎょうれつ）　　　3　来客（らいきゃく）　　　4　集合（しゅうごう）

4 この先は急な（　　　）があるので、スピードを落としてください。

 1　チェンジ　　　　2　トンネル　　　　3　ブレーキ　　　　4　カーブ

まとめのテスト

問題 5

＿＿＿＿の言葉に意味が最も近いものを、1・2・3・4から一つ選びなさい。

1 <u>ほうほう</u>探しても見つからなかったのに、同僚に聞いてみたら、すぐに見つかった。

   1　うろうろ　　　　2　あちこち　　　　3　まちまち　　　　4　あれこれ

2 インターネットで言葉を入れて<u>調べる</u>と、たくさんの情報が得られる。

   1　検討する　　　　2　予測する　　　　3　検索する　　　　4　処理する

3 ガラス製品は割れないように<u>慎重に</u>あつかってください。

   1　丁寧に　　　　　2　重そうに　　　　3　静かに　　　　　4　貴重に

問題 6

次の言葉の使い方として最もよいものを、1・2・3・4から一つ選びなさい。

1　単なる

　　1　単なるうわさですから、本当かどうかわかりません。

　　2　おじいさんは、昔の単なる話を何回も話す。

　　3　準備をするのに単なる 10 分しかかからなかった。

　　4　これは私の単なる思い出の写真なので、大切にしている。

2　そろえる

　　1　車が高速道路をそろえて、走っている。

　　2　誰かに伝言をそろえてください。

　　3　新しい商品を売るために、忙しくそろえている。

　　4　必要な書類をそろえて、提出する。

3　くれぐれも

　　1　わからないことはくれぐれも調べます。

　　2　夕日がくれぐれもきれいです。

　　3　ご両親にくれぐれもよろしくお伝えください。

　　4　明日は、くれぐれも遅くならないと思います。

問題1

次の文の（　　　）に入れるのに最もよいものを、1・2・3・4から一つ選びなさい。

1　政府には、経済対<ruby>策<rt>たいさく</rt></ruby>（　　　）、環境問題についても早<ruby>急<rt>そうきゅう</rt></ruby>に方針を示してほしい。

　　1　はもちろん　　　2　は問わず　　　3　にとって　　　4　に過ぎず

2　<ruby>市立<rt>しりつ</rt></ruby>図書館の移転先を（　　　）、市側と周辺住民側の間で意見が対立しています。

　　1　わたって　　　2　かねて　　　3　めぐって　　　4　あたって

3　<ruby>田中<rt>たなか</rt></ruby>さんの歌はすばらしい。特に声のよさ（　　　）<ruby>誰<rt>だれ</rt></ruby>にも負けないだろう。

　　1　をこめては　　　2　にむけても　　　3　にしては　　　4　にかけては

4　インターネットが<ruby>普及<rt>ふきゅう</rt></ruby>して、どれだけ便利になった（　　　）。

　　1　そうだ　　　2　ものだ　　　3　ことか　　　4　はずか

5　ちょっと失敗したぐらいで、そんなに（　　　）。

　　1　泣くほかない　　　　　　　　2　泣いたぐらいだ

　　3　泣くものではない　　　　　　4　泣いたことではない

6　今日は<ruby>課題<rt>かだい</rt></ruby>のレポートが（　　　）、遊びに行けない。

　　1　終わってからでないと　　　　2　終わるとすれば

　　3　終わってはじめて　　　　　　4　終わろうものなら

問題2

次の文の___★___に入る最もよいものを、1・2・3・4から一つ選びなさい。

1 娘の夢は応援したいが、_____ _____ ___★___ _____ 早く就職（しゅうしょく）してほしい。

　　1 から　　　　　　2 親の　　　　　　3 言うと　　　　　　4 立場

2 今の仕事は自分に向いていないと思うが、_____ ___★___ _____ _____、特に
やりたいことがあるわけではないので、しばらくは勤めてみよう。

　　1 辞めたと　　　　2 たとえ　　　　　3 しても　　　　　4 会社を

3 息子と、ゲームは1日1時間までという約束をしたが、休みの日は _____ _____
___★___ _____ ばかりしている。

　　1 1時間　　　　　2 ゲーム　　　　　3 一日中　　　　　4 どころか

まとめのテスト

問題3

次の文章を読んで、文章全体の内容を考えて、□1 から □5 の中に入る最もよいものを 1・2・3・4 から一つ選びなさい。

　今年の春、引越を機についにソファを買うことにした。東京中の家具屋を歩き回り、某有名輸入家具店で「これだ！」というものを見つけた。私は銀行に走り、自転車を買う子供の如くお金を握って店に駆け込んだ。「あれ！　あれ下さい！　今すぐ買いますっ」店員は冷静な表情で言った。「その前に、あのソファがお宅の玄関を通るかどうか　□1　」えっ？　なんで？　たかが一人掛けのソファなのよ、あなた。玄関なんか　□2　でしょうが。「配達してみて実は大きすぎて玄関を通らなかったというお客様がよくいらっしゃるんです。お住まいはマンションですか？　階数は？」集合住宅で三階。そう答えると彼はササと表情を曇らせるのであった。「是非、サイズを計ってからにして下さい。ご自宅で見たら売り場での印象の一・五倍はあると思って下さいね」

　私は現金を握ってすごすごと帰宅し、巻尺で玄関の幅を計り、その数字を見て愕然とした。確かに大きい。縦にしても、横にしても入らないのである。電話でその旨を暗く告げると、件の店員は「玄関を入ったところに余裕はありますか？」と尋ねる。造り付けの靴箱があり、その上のスペースが空いていると言うと、彼はソファの足を外して、横にしてくるりと　□3　入るかもしれない、と言うのであった。　□4　私は靴箱の幅、靴箱から天井　□5　長さなどあらゆるサイズを計って FAX をした。結果は OK であり、めでたくソファは我が家にやってきた。とても嬉しかった。

（恩田陸「念願かなって…」『小説以外』新潮社刊による）

□1　1　確認いたしております　　　　　2　確認いたして下さい

　　3　確認なさっています　　　　　　4　確認なさって下さい

□2　1　通るに決まってる　　　　　　　2　通るにしたがってる

　　3　通るにまかせてる　　　　　　　4　通るに限ってる

□3　1　回すことにすれば　　　　　　　2　回すようにすれば

　　3　回すかにすれば　　　　　　　　4　回すほうにすれば

④ 1 そこで　　　　　2 すると　　　　　3 その上　　　　　4 ただし

⑤ 1 への　　　　　　2 ほどの　　　　　3 までの　　　　　4 よりの

まとめの
テスト

問題1

次の文章を読んで、後の問いに対する答えとして最もよいものを、1・2・3・4から一つ選びなさい。

　そう、実は、私は今、心から後悔して (注1) いるのだ。あの時、堂々と (注2) 手を振ればよかった！　女房の肩でも抱きながら手を振ってもよかった。そのことで日本の誰に何を言われようが、女房が宇宙旅行の任務を果たした (注3) ことには変わりがなかったのだ。そして、この私が自分なりに精一杯 (注4) 女房をサポート (注5) したという事実にも。アメリカ人乗組員の奥さん達は皆、堂々と手を振っていたのだ。私がしてはいけない理由などなかったではないか。——でも、あの時、オレには出来なかった。オレのことを"奥さんを支える旦那さん"なんて言って、新しい時代の男みたいに妙に持ち上げてくれる人がいるけれど、それって買いかぶり (注6) なんだよな。だって、オレって、人に何を言われるかを心配して行動している昔ながらの日本の男に過ぎなかったんだから。

（向井万起男「女房が宇宙から帰ってきた」『文藝春秋　1999年3月号』文藝春秋刊による）

（注1）後悔する：前にしたことを、あとになってから「しまった」と思う
（注2）堂々と：大きくて立派な様子で
（注3）任務を果たす：責任を持って仕事をする
（注4）精一杯：力の限りする様子
（注5）サポート：助けること、支えること
（注6）買いかぶり：本当の価値より、高く評価すること

1　筆者が後悔していることは何か。
　　1　手を振るときに、妻の肩を抱かなかったこと
　　2　妻が宇宙旅行の任務を果たしたことに変わりがないこと
　　3　アメリカ人乗組員の奥さん達は、堂々と手を振っていたこと
　　4　人に何を言われるかを心配して行動したこと

問題2

次の文章を読んで、後の問いに対する答えとして最もよいものを、1・2・3・4から一つ選びなさい。

　現在、先進国の都市を中心とする国際的な物質循環の流れは、途上国の農村のすみずみにまで浸透し (注1) ようとしています。私たちは時として無意識のうちにも、この流れの中心である先進国の「もの」や「技術」を途上国に持ち込み、その地の人をこの流れに従わせようとしています。しかし、本来、その地で役立つ「技術」はその地で生み出されねばならないし、「もの」や「お金」を必要以上に持ち込んで、その人たちに不本意な (注2) 依存体質 (注3) を作り出してはなりません。

（岩崎駿介『地球人として生きる』岩波書店刊による）

（注1）浸透する：しみ込む
（注2）不本意：自分の本当の望みに合わないこと
（注3）依存体質：ほかのものに頼る性質

まとめのテスト

1　筆者がこの文章で最も強く述べようとしていることは何か。

　1　物質循環の流れは、途上国も含めてもはや世界的なものになっている。

　2　「もの」や「技術」や「お金」は、それが作られた国以外の地では使えないものだ。

　3　途上国の発展は、先進国への依存によらず、途上国自身の力で成し遂げられるべきだ。

　4　途上国は先進国の「もの」や「お金」に依存することでこれからも発展していく。

問題3

次の文章を読んで、後の問いに対する答えとして最もよいものを、1・2・3・4から一つ選びなさい。

脳の障害で、失読症が生じることがある。つまり脳の一部が壊れると、字が読めなくなる。これを失読という。ところがこの症状で、①日本人だけに妙なことが起こる。失読症が二種類生じるのである。つまりカナ失読と漢字失読である。ある人はカナだけが読めなくなる。他の人は、漢字だけが読めない。カナだけが読めなくても、まあ新聞なら中国語の新聞を読んでいるようなものであろう。しかし、漢字が読めなくなると、小学校以前に退行したことになる。

（養老孟司『考えるヒト』筑摩書房刊による）

1 ①日本人だけに妙なことが起こるとあるが、たとえばどんなことか。

1 漢字もカナも読めるが、小学生程度の漢字しかわからなくなる。

2 カナが読めなくなり、漢字だけ読めるようになる。

3 カナが読めなくなったあと、漢字も読めなくなる。

4 漢字が読めなくなり、日本語も中国語も同じように見えてしまう。

問題4

次の文章を読んで、後の問いに対する答えとして最もよいものを、1・2・3・4から一つ選びなさい。

「思考の整理学」の著者、外山滋比古さんが東大キャンパスで講演を行った。

「コンピューターに負けないためにどうすればいいか。ずっと考えていて、『忘却こそが大切だ』と気づきました」

「思考の整理学」は、考えることの楽しさを述べた本だ。それが「忘却」とどう結びつくのか。外山さんは語り始めた。

「人間は記憶と再生で、コンピューターにかなわない。私たちの記憶力は不完全で、絶えず忘れてしまう。でも、人間のように選択しながらうまく忘れることがコンピューターにはできない」「忘れることを恐れないこと。おびただしい情報で①頭がメタボ(注1)になれば、考えることができなくなる」(中略)

質疑応答で、学生の一人が「忘却せよ、と言われると、僕は瞬く間に単位を落としてしまいそうです」と質問。会場が笑いにつつまれた。これに外山さんはまじめに答える。「知識も食べ物と同じで大事なものだけ頭で消化して、不要なものは出してしまう。知識を得られるだけ得た後、自分で適当にそれを捨てて、頭に残った知識を個性化していくことです。新しい考えは集団の単位ではなく、1人で考えないといけない。それでなくては前人未到(注2)の思考にたどり着かない」(中略)

話を聞いた学生の一人は、「自分は創造性がないなあ、とよく思います」という。「研究していても、たくさんの理論でがちがちになって、自分の頭でものを考えることができない。(中略)忘れてもいいと言うのは、励ましの言葉です」

(2009年8月3日付け朝日新聞朝刊を一部改変)

(注1) メタボ：メタボリック・シンドロームの略。内臓脂肪が蓄積されてしまい、肥満になる状態。外山さんはたとえとして使っている。

(注2) 前人未到：誰も思いつかない

1　①頭がメタボになればとあるが、頭がメタボになるのと近い状態を指しているのはどれか。

　　1　理論で頭ががちがちになる。

　　2　大事なものだけ頭で消化する。

　　3　残った知識を個性化していく。

　　4　絶えず忘れてしまう。

2　コンピューターにできて人間にできないことは何か。

　　1　一人で考えること

　　2　完全に記憶・再生すること

　　3　不要なものは出してしまうこと

　　4　自分で適当に捨てること

3　外山さんが学生に一番伝えたいことは何か。

　　1　コンピューターに負けてはいけないということ

　　2　知識を得られるだけ得るのはよくないということ

　　3　選択しながらうまく忘れることが大切だということ

　　4　忘れなければ次のことが覚えられないということ

問題5

次の文章を読んで、後の問いに対する答えとして最もよいものを、1・2・3・4から一つ選びなさい。

ヒトの進化の歴史にとって最も重要な道具の一つに石器がある。石器の作り方は誰かがどこかで思いついたもののはずだ。しかし、その発明の伝達がなければ、皆が石器を使えるようにはならない。（中略）

例えば石ころからナイフを作らねばならないとする。作り方を知っている人は、知らない人に、どのような角度でどう石を削ればナイフになるかを伝えねばならない。①それは言葉があれば可能だと思う人がいるかもしれない。しかし、本当の技術とは、言葉で表すことはできない。それは感覚でしかないからだ。

学ぶ側はまだシンプルだ。先生の体の動きを注意深く観察すればいい。（中略）より複雑なのは教える側だ。何かを積極的に教えようとすると、教わる側から見て、自分がどのように見られているかを意識しなければならない。伝わりにくいと思われる個所にくれば、動きを強調したり、速度を遅くしたりして感覚を伝える努力をする。それをうまくやるには、他者の感覚に敏感であるのみならず、その他者から見て、自分がどのように見えているかがわかっていなければならない。（中略）

仮にチンパンジーであれば、たとえよい生徒になれたとしても、②決してよい先生にはなれない。チンパンジーは積極的に教えるということをしない。他者に見られながら自分を見せるという③双方向の伝達が存在しないからだ。この「教える／教わる」という奇跡的な能力こそ、個人が思いついた発明を、社会的な財産へとつなげるヒト特有の能力なのである。

（金沢創「他者の心・自分の心」2009年3月15日付け朝日新聞朝刊を一部改変）

1　①それは何を指しているか。

　　1　石ころからナイフを作ること

　　2　ナイフの作り方を伝えること

　　3　石を適当な角度で削ること

　　4　適当な石ころを探すこと

まとめのテスト

2　②<u>決してよい先生にはなれない</u>のはどうしてか。

1　本当の技術は言葉で表すことはできないから。

2　まねはできても、言葉で伝えることができないから。

3　体の動きを注意深く観察することができないから。

4　自分の見え方を意識しながら伝えることができないから。

3　③<u>双方向</u>とは何を指しているか。

1　教える側と教わる側

2　作る側と使う側

3　言葉と体の動き

4　技術と感覚

問題6

次の文章は、「相談者」からの相談と、それに対するＡとＢからの回答である。三つの文章を読んで、後の問いに対する答えとして、最もよいものを１・２・３・４から一つ選びなさい。

相談者：

　勤務先の会社でチームリーダーとなってしまい、困っています。私は、他人の意見を聞くとついそれに納得してしまう傾向があります。自分の強い考えを持っているというより、他の人の意見を聞きながら仕事を進めています。こんな私に、チームリーダーが務まるのでしょうか。不安です。

回答者：Ａ

　リーダーといえば、強いリーダーシップと信念を持って、ぐいぐい引っ張っていく人を想像しがちですが、決してそれだけがリーダーのタイプではありません。チームの仕事の進め方を考えてみてください。雰囲気がよく、メンバーが互いに意見を言い合って結論を出し、協力して仕事を進める姿が理想ではありませんか。あなたは、その「調整役」になれるはずです。少し時間はかかるかもしれませんが、長く続けるためにはすぐに何かをしようと思わないことです。自分は自分がなれるリーダーを目指せばいいのです。要は、チームのメンバーが仕事をやりやすい状況を作ることです。

回答者：Ｂ

　あなたの考えるリーダーも一つの姿ですね。しかしそれを急いで目指す必要はありません。その前に、自分としての「ビジョン（将来像）」があるかどうかが重要だと思います。できるだけ将来につながるようなビジョンを掲げ、それをもとにグループのメンバーと話し合ってみてください。リーダーの姿というのは決して一つではありませんから、話し合う中でグループとあなたの関係にふさわしいリーダー像が見つかると思います。ビジョンが共有されていれば、あなたらしいリーダーシップが発揮できるはずです。

1　A、Bのアドバイスに共通していることは何か。

1　リーダーシップを発揮して、メンバーをぐいぐい引っ張ること

2　自分の強い考えを持って、メンバーの意見を一つにまとめること

3　早めに成果を上げるために、よく話し合ってリーダー像を見つけること

4　リーダーにはさまざまなタイプがあるから、自分なりのものを目指すこと

2　A、Bそれぞれのアドバイスのポイントは何か。

1　Aは仕事がしやすい環境作りを目指すこと、Bはグループでビジョンを共有すること

2　Aはグループでビジョンを共有すること、Bは仕事がしやすい環境作りを目指すこと

3　Aは自分の信念を持つこと、Bは自分でリーダー像を明確にすること

4　Aは自分でリーダー像を明確にすること、Bは自分の信念を持つこと

問題7

次の文章を読んで、後の問いに対する答えとして、最もよいものを1・2・3・4から一つ選びなさい。

私が文章を自分の仕事と決めてから、丸八年になろうとしている。

振り返ってみると、ただ無我夢中で原稿用紙のます目(注1)を埋めてきた毎日であった。才能の乏しい私が、何とかこの仕事で生きのびるには、とにかく書くことしかない。書いて少しでも腕を上げ(注2)、才能の貧しさをカバーしなければならないからである。

もちろん、ただ書けばいい……というわけではない。でも、書くという作業に馴れるためには、半ば義務のように毎日机に向かい、文章を作り続けなければ、いつまでたってもぎこちない(注3)文章しか生み出せないような気がして休めないのである。

いつもノートやメモを持ち歩いた。何かふっと思いついた時、面白い話を見聞きした時、私は必ずそのノートに記した。すぐに使えても使えなくても、ノートの走り書きは①宝である。たまにノートを忘れて出てしまうと、怖くて落ち着かない。すぐに文房具屋を探して飛び込み、慌ててメモ帳を買ったこともあった。

ところが、そんな風に戦うようにして仕事をしてきた私に、半年ほど前から少しばかり②疲れが見え始めてきた。疲れと言うと、何となくカッコがいいけれど、つまり、緊張の糸がほんの少しゆるんだ感じなのである。

仕事をする時は今でも、たとえどんな内容であろうが何枚であろうが同じように苦しむ。でも最近は、苦しい時に思わず安易な書き方を選んだり、小さくまとめてしまったりすることがあるのである。こんなことを言うのは実に恥しいことなのだが、正直に言って、気を抜いて鉛筆を走らせてしまうこともあるのだ。それに気づいた時、私は愕然(注4)とした。(中略)

才能の乏しさや下手さは百も承知である。でも、自分なりに考え、自分の力を出しきり、丁寧に真剣に書くことが私の唯一の売りものだった。新人にはそれしかない。ところが、上べ(注5)はそれなりに形をなし、体裁を整えながらも、明らかに気を抜いて書いたと分かるような文章を書いて出してしまった時の憤り(注6)は、どうしようもなく③私を苦しませる。

馴れというのは恐ろしいものである。運転でも仕事でも、馴れた頃が一番危険だというがまさにその通りである。

(神津カンナ「馴れ症候群」『"私らしく"生きる』三笠書房刊による)

（注1）ます目：原稿用紙の中、文字一字を書く四角

（注2）腕を上げる：上手になる

（注3）ぎこちない：練習、慣れが不足しているために上手くない

（注4）愕然：意外な、思いもしなかった現実を知り、ひどく驚くこと

（注5）上べ：表面、見かけ、中身を問題としない

（注6）憤り：怒ること、腹が立つこと

1　①宝であるとあるが、どういう意味で宝であるのか。

　1　ノートを持っていると、ふっと何かいい考えを思いつく。

　2　外出時も文章を書くことで、乏しい才能がカバーできる。

　3　ノートに書いたことが、文章を書くときの助けとなる。

　4　ノートを持っていることによって、落ち着いていられる。

2　②疲れが見え始めてきたとあるが、どういうことか。

　1　義務のように文章を作り続けることが少なくなった。

　2　外出のとき、ノートやメモ帳を忘れることが多くなった。

　3　なかなか文章が書けなくて苦しむようになった。

　4　安易な書き方を考えたり、小さくまとめてしまったりするようになった。

3　③私を苦しませるとあるが、何が私を苦しませるのか。

　1　筆者自身の感じている、文章を書く才能の乏しさや下手さ

　2　唯一の売りものだった丁寧に真剣に書かないようにすること

　3　丸八年もたった今でも、新人のような文章しか書けないこと

　4　気を抜いて書いたとわかる文章を公表すること

4　この文章で筆者が述べていることは何か。

　1　丸八年がたち、手を抜くことを覚えてしまった自分を恥じている。

　2　いまだに文章を書くことが上達しない自分の才能に苦しんでいる。

　3　自分が納得できる文章を書くことに疲れを感じている。

　4　仕事に慣れていろいろな文章の書き方が身に付いたと思っている。

まとめの
テスト

問題 8

次のページは、子ども向けの官公庁のウェブサイトの簡単な説明である。下の問いに対する答えとして、最もよいものを 1・2・3・4 から一つ選びなさい。

1 太郎君はゲームやクイズをしながら学びたいと思っている。それができるのはどのウェブサイトか。

   1　A、B、E

   2　B、C、D

   3　B、D、E

   4　A、B、F

2 花子さんは、夏休みの自由研究として「地球環境の変化と作物への影響」について調べることにした。情報を集めて、グラフにまとめようと思っている。花子さんの自由研究の役に立つウェブサイトはどれか。

   1　A、B、D

   2　A、C、D

   3　B、C、D

   4　B、D、F

まとめのテスト

子ども向けの官公庁のウェブサイト

A	外交に関するさまざまな仕事内容を、キャラクターが会話を交えながら楽しくわかりやすく紹介。また、日本発の技術や商品、現在日本で流行しているアニメやゲーム、伝統文化等を紹介するコーナーも充実。
B	自然、人口、経済、貿易などさまざまな分野の豊富な統計データを見られるコーナーがあるほか、統計の種類、データの見方、グラフの表し方や作り方などを漫画やキャラクター同士の会話を通して学べるコーナーも充実。統計データや統計の歴史に関する問題にチャレンジできるクイズコーナー、統計用語を探し出すゲームも楽しめる。
C	日常食卓に並ぶ米や肉、魚、野菜が誰の手によってどのように作られ、食卓まで来るのかを易しく解説。米や野菜がどこで生まれ、どのように日本に伝わってきたかという歴史の紹介や、昔の人の知恵が詰まった農産物についてのことわざなども取り上げられている。
D	サイト上で、キャラクターと一緒に気象観測、空、火山、台風、津波、地球環境などの気象に関する学習ができるほか、ゲームコーナーではクイズやシューティングゲームも楽しめる。
E	税についての学習コーナーが設けられており、税に関係する内容をゲームやクイズ、動画等を通して楽しみながら学ぶことができる。市長になった気分で自分たちが設定した予算で施設を建設し、町づくりが体験できるゲームもある。
F	コインの形をしたキャラクターが、貨幣の製造方法や日本の貨幣の歴史などについてわかりやすく解説してくれる。コインを使った手品も紹介。

聴　解

問題1

問題1では、まず質問を聞いてください。それから話を聞いて、問題用紙の1から4の

中から、最もよいものを一つ選んでください。

　　　※実際の試験では、問題の前に練習があります。

1番

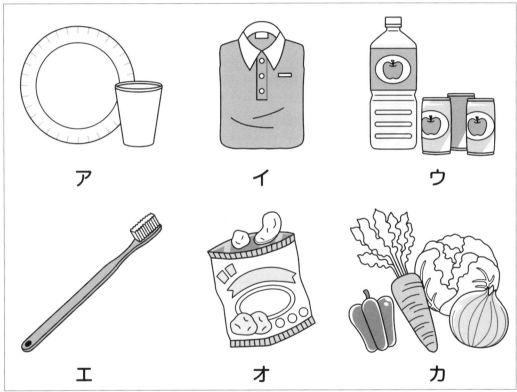

ア　イ　ウ

エ　オ　カ

1　アイエ

2　イウエ

3　イエオ

4　エオカ

2番

40

1 明るい色のショールをかける

2 ドレスの長さを長くする

3 袖の長さを長くする

4 暗い色のドレスにする

3番

41

1 1万円・パスポート・パンフレット

2 1万円・9万円・申込書

3 1万円・パンフレット・封筒

4 1万円・パスポートのコピー・申込書

もんだい
問題2

問題2では、まず質問を聞いてください。そのあと、問題用紙のせんたくしを読んでください。読む時間があります。それから話を聞いて、問題用紙の1から4の中から、最もよいものを一つ選んでください。

※実際の試験では、問題の前に練習があります。

1番

1　田中君が来るまで待つ

2　林さんと3人で先に行く

3　二人で先に行く

4　あと5分待つ

2番

1　軽くて持っていて疲れないバッグ

2　色やデザインが好みのバッグ

3　中身が整理しやすいバッグ

4　たくさん入るバッグ

3番

1　月・火・水

2　月・火・水・木

3　月・火・水・木・金

4　火・水・木・金

まとめのテスト

問題3

46 問題3では、問題用紙に何もいんさつされていません。この問題は、全体としてどんな内容かを聞く問題です。話の前に質問はありません。まず話を聞いてください。それから、質問とせんたくしを聞いて、1から4の中から、最もよいものを一つ選んでください。

※実際の試験では、問題の前に練習があります。

―メモ―

問題4

50　問題4では、問題用紙に何もいんさつされていません。まず文を聞いてください。それから、それに対する返事を聞いて、1から3の中から、最もよいものを一つ選んでください。

※実際の試験では、問題の前に練習があります。

―メモ―

問題5

問題5では長めの話を聞きます。この問題には練習はありません。メモをとってもかまいません。

1番

問題用紙に何もいんさつされていません。まず話を聞いてください。それから、質問とせんたくしを聞いて、1から4の中から、最もよいものを一つ選んでください。

―メモ―

2番
59

まず話を聞いてください。それから、二つの質問を聞いて、それぞれ問題用紙の1から4の中から、最もよいものを一つ選んでください。

質問1
60

1　ビール

2　ジュース

3　クッキー

4　ケーキ

質問2

1　ビール

2　ジュース

3　クッキー

4　ケーキ

執筆者

NPO 法人日本語教育研究所

　　浅野陽子、伊藤麻友子、小山暁子、斉藤祐美、西上鈴江、前坊香菜子

　インターカルト日本語学校

　エール学園日本語教育学科

執筆協力者

　文字・語彙：梅田康子

　文法：刈谷仁美

　読解：齋藤伸子

　聴解：高橋優子

編集

　凡人社編集部

短期マスター　日本語能力試験ドリル　N2　第 2 版

2010 年 10 月 10 日　　初版第 1 刷　発行
2013 年 2 月 1 日　　　第 2 版第 1 刷　発行
2018 年 7 月 20 日　　　第 2 版第 4 刷　発行

編集・著作　　凡人社編集部
発　　　行　　株式会社　凡人社
　　　　　　　〒 102-0093　東京都千代田区平河町 1-3-13
　　　　　　　電話　03-3263-3959

表紙デザイン　　クリエイティブ・コンセプト
印刷・製本　　倉敷印刷株式会社

©2010, 2013 Bonjinsha